U0933271

王阳明传

◎杨帆 著

参透立德、立功、立言三不朽的圣人王阳明

厘清心学精髓：心即理、知行合一、致良知

令你内心强大、正能量爆棚的通俗人物传记

中国纺织出版社

内 容 提 要

他在祖母的天神之梦中“从天而降”。《论语》中“知及之，仁不能守之”，让他从此得名王守仁。平顺的人生中，他掀开了不凡的命运。在他眼中，科举并非第一要紧事，天下最要紧之事是要做圣贤之人。他敢于触怒奸臣，被贬龙场，却悟出了全新的真谛。疾病半生，用出神的兵法，以文人之身，巡抚赣南，屡次平定边疆匪患。

他一生倡导“知行合一”，将心学发扬到极致。各地学子涌入他的门下，又将万物与心的和谐带到了世界各地。“此心光明，亦复何言”，是他在世上留下的最后警句。从此圣贤的领域有了他的一席之地，他将短暂的人生活成了一场辉煌的传奇，永远绽放在大明朝的史册。

图书在版编目（CIP）数据

阳明天下：王阳明传 / 杨帆著. --北京：中国纺织出版社，2015. 6 （2024.1重印）
ISBN 978-7-5180-1373-9

Ⅰ.①阳… Ⅱ.①杨… Ⅲ.①王守仁（1472~1528）–传记 Ⅳ.①B248.2

中国版本图书馆CIP数据核字（2015）第026216号

策划编辑：郝珊珊　　　　责任印制：储志伟

中国纺织出版社出版发行
地址：北京市朝阳区百子湾东里A407号楼　邮政编码：100124
销售电话：010—67004422　传真：010—87155801
http：//www.c-textilep.com
E-mail：faxing@c-textilep.com
中国纺织出版社天猫旗舰店
官方微博http：//weibo.com/2119887771
北京兰星球彩色印刷有限公司　　各地新华书店经销
2015年6月第1版　　2024年1月第3次印刷
开本：710×1000　1/16　印张：16.5
字数：149千字　定价：48.00元

序言

中华数千年历史像汹涌的江水，在时光里奔流穿梭。岁月更迭，一代代的历史名人，挥笔写下了壮阔的故事。当历史的笔墨书写到明朝，便不得不提到一个传奇人物——王阳明。

没有王阳明的大明朝，是不完整的。他的一生光芒璀璨，照耀着大明朝的滔滔岁月。

他是明代最著名的思想家、哲学家、文学家和军事家，更是继孔子、孟子、朱熹之后的又一位儒家大师。

很多人认为中国历史上达到“立德立功立言三不朽”标准的只有两个半人，一个是孔子，另一个是王阳明，曾国藩只能算半个。其中只有王阳明文可以著书立说开宗立派，武可以安邦定国平定叛乱，德可以教化天下使人信服。王阳明既是大思想家、哲学家，又是军事家，绝对是个不可多得的全才。

磨难与艰辛，成就了他玄妙而惊险的人生，幻化成一个不凡的传奇。

天赋异禀的王阳明，从出生之时便异于常人，母亲怀胎 14 个月他才降世，5 岁时方能开口说话，少时便立志“读书做圣人”，之后又独闯边塞。可他虽然学识渊博、才华横溢，但科考两次落第，第三次才进士及第。但波折的科举之路，只是人生最初的试炼。

岁月辗转，他终于走上了仕途。他身为朝官，挺身斗虎，勇斗祸害朝廷的结果是遭到锦衣卫追杀，险些命丧黄泉。

坎坷人生，起起伏伏。一个机缘，他来到了龙场，在这个语言不通的蛮夷之地，他陷入了哲学的沉思，他身躺在石椁，体验生死，在这个多维度的世界里，他融合儒、道、释之思想精华，开创心学，走上了一条光明的思想之路。更重要的是他不仅悟到，还能身体力行地做到。

他说“心外无物”，其实超越了心和物。

他说“知行合一”，已然超越了知和行。

他看透了心物，将知行融通，为后人树立了思想的风标。

临近知天命的年纪，他又临危受命，深山剿匪，只身平叛。在紧迫的战事中，他力挽狂澜，四十日前还手无一兵一卒，四十日后却奇迹般地平息了宁王的十万叛军，创下了一段让人惊骇的传奇。

他像一个巨人一般，屹立在大明朝的历史中，将苦难与寒冷挡在身后。他的思想，像燃烧的火炬一般，照耀着无数后来人，支撑着无

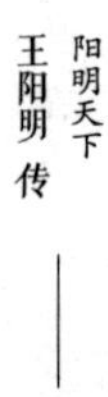

数有识之士坚持真善，与谬误与丑恶斗争。

虽说，王氏的心学不能改变社会制度，但是却可以提高人们的德行，所以，这传奇之人离我们并不遥远。也许我们在仰望他的传奇，品读他的哲思之时，心中会渐渐点亮一盏善的明灯，渐渐驱散恶的阴霾。

著　者

2015 年 3 日

目录

叁 第三章　波折与求索　颠簸于命运的旅途

肆 第四章　磨难与升华　龙场悟道终成心学

伍 第五章　战争与功勋　万民爱戴的全才

陆 第六章 智慧与谋略 踏上新的征程

柒 第七章 放手与归去 传奇未完

第一章 天命与禀赋

在命运伊始勾勒传奇

第一节 血脉里的荣光

灵秀的吴越大地之上，诞生过许多传奇。本是一块蛮荒之地，春秋末年，吴王夫差与越王勾践在这里交战多年。几度兴衰的历史，让这片土地广为人知。就这样一代代发展下去，吴越成了一块钟灵毓秀的宝地，这里山水秀美，也有许多名胜古迹。而一代心学大师王阳明，就出生在这里。这一片美丽的大地滋养了他的情怀，为他的人生涂抹了一笔灵秀的底色。

成化八年（1472 年），他来到了尘世，也缓缓开启了他的第一段传奇。而关于他的出生，也流传出了许多奇闻。

那一年，九月三十日，秋风裹着夏末的微温，拂过大地。此时执掌江山的正是明宪宗，九州大地自顾自地演绎着兴衰故事。而一代奇人王阳明就在那一日，来到了这世界上。

奇人出生，往往带有异象，王阳明也不例外。相传王阳明出生的时候，他的母亲郑氏已经怀了十四个月的身孕。当时，焦急与疑惑笼罩着王家府邸，他们不知道这个异常的胎儿，究竟是福还是祸。流言纷飞，叹息常常包裹着郑氏腹中的胎儿。

一日，王家的祖母做了一个奇怪的梦，梦中有天神从云中飘逸而来，他们吹奏着乐曲，敲打锣鼓，像是在举行一场欢喜而神圣的仪式。在缥缈的乐曲声中，一位仙人将一个可爱的婴孩交付到王家祖母手中。老夫人又惊又喜，转而醒来。

此时忽闻一声啼哭，王阳明在老祖母这迷幻而神秘的梦里，包裹着传奇来到世上。

王阳明的祖父得知此事，非常惊异，更是感到无尽的荣耀。他相信这个与众不同的孩子是得了神谕，是上天赐予王家的一个最好的馈赠，并以梦为依据为孙子起名为“云”。

潜藏在人性中猎奇的心理，让这个带有神秘色彩的故事迅速传开了。街坊邻里都以王阳明为奇观，甚至连他出生的地方都有了非凡的意义，人们把他出生的那座小楼叫作 “瑞云楼”。

王阳明不仅出生在秀美之地，他的血液里，还流淌着祖辈们的荣光。名人辈出的王氏族谱，可谓世代显赫，伟大的书法家王羲之赫然在列，虽然他的时代距离王阳明已有一千多年，但是，在王氏祖先一族人中，王羲之的知名度无人可以比拟。

这样一位远祖先贤，为王阳明的人生更加渲染了一抹传奇的色调。王羲之的一部《兰亭序》，让兰亭遗址成了一个家喻户晓的地方，这

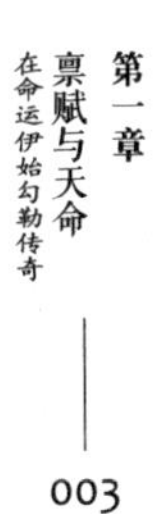

个当年王羲之与文人雅士们把酒吟诗的处所，不远处便是王阳明这个“天降祥瑞”的婴儿的降生之处。

穿越千年轮回，兰亭深处，一种人们还叫不出名字的“精神”似乎若隐若现，当年的滴水成诗如今已经凝结成一坛墨黑。清冷的月光下，这种“精神”在青石板上如过客般回荡徘徊，透过隔世的月光，依稀可见兰亭曾经的美。

一帖缱绻上千年，数百年来，《兰亭序》脍炙人口，墨香不退，连淤泥都有余味。弹指岁月，轻唱清歌净绵延，距离它“不远”的王阳明，却丝毫不逊色地流芳百世。后世的人们仰慕王羲之的风流才学，每到兰亭遗址，必会顶礼膜拜；也有人为了证明自己是王阳明首创“心学”的正门正派，争先到王阳明的故乡凭吊。

如今，隔了千年的时光，传奇换了笔调，再一次谱写出新的故事。在王阳明的族谱上，官至迪功郎的王寿是王羲之的第二十三世孙，王寿再往下五代，便是王阳明的六祖王纲，这似乎是一位淡泊名利的“始祖”，虽是文武全才，却避世于山水之间，他有一位了不起的好友——明太祖朱元璋身边的重臣刘伯温。当时的刘伯温还未出江湖，王纲曾对刘伯温说：“你是个有抱负的人，而我只喜欢隐于山水之间，不喜欢被官场所累，如果有一天你官场得志，希望你不被官场所累便好。”

人生如花，淡者香，花色越浅，香味便越浓，守一抔纯净的灵魂，笑看人生，坦荡心灵，心态淡然方能修炼出平静与优雅，这份自在，不仅悦己，更能悦人。

王纲虽淡泊一生，却未能到头，年迈七十，却被刘伯温引荐给朱元璋，在朝中担任了兵部郎中。虽然已至耄耋之年，却“齿发精神如少壮”，连朱元璋见到也倍感惊奇。当时正赶上广东潮州地区爆发农民起义，王纲便以广东省参议的身份前往督管军粮。也许自知此行是以生命为国家效力，他留下了一封诀别信后，便带上年仅16岁的儿子王彦达奔赴广东。可惜还没到增城，父子二人便被流寇的首领曹真抓获，威逼利诱不成之下，曹真将王纲杀害。王彦达用羊革将父亲的尸身背回老家下葬，从此对朝廷的召唤概不应召。父亲的惨死让王彦达过早地看破了名利的虚妄，从此他与父亲一样，躬耕农家，侍奉母亲，照顾孩子，与书为伴，归隐田中。

岁月难得沉默，秋风也会厌倦漂泊，山林中的一缕清泉从险壑中哗然而落，观天地、山川、鱼虫、鸟兽，心如白云缓缓眷属，怎逍遥二字了得。

王彦达的儿子王与准，与祖父和父亲一样，是一个天资聪颖又淡泊名利之人，他饱读诗书，信奉儒家“遁世无闷”的信条，从不参加科考，也不接受别人的引荐。朝廷为了吸纳人才，也为了将不愿与朝廷合作的人士收拢，特来召他入朝，他却躲入山中石室，并告诉朝廷派来的官员，自己的祖父曾经死忠国家，却未曾得到朝廷的厚待，他与父亲发誓，终生不入朝为官。朝廷官员一听大怒，抓了他的三个儿子，又继续到山中追捕王与准。

在逃避追捕的过程中，王与准不小心摔下山崖，脚部重伤，终于被带出了山中。官员见王与准确实伤得严重，又不像是个叛乱之人，便放了他们一家。只是，官员对王与准说：“你不愿做官，早晚都会招来祸端，不如让你的二儿子世杰代替你如何？”不得已之下，世代淡泊名利的王家终于又出了一位朝廷任命的秀才。而王与准为了感谢让自己摔伤从而脱离仕途的石头，为自己取名“遁石翁”，从此逍遥终老一生。

天下便是脚下，五湖四海皆可为家，在王家人眼中，世上的苍生不过是空荡的来与去，歌舞升平与醉生梦死的日子，才是真正的阴霾笼罩，如果不能放任逍遥，自己在世上也不过是一个毫无意义的黑影。

“秀才”王世杰，便是王阳明的曾祖父，当了秀才便要参加大考，按照惯例，所有考生都要散开头发，脱掉衣服接受检查，防止夹带作弊的东西。王世杰觉得这是对自己的侮辱，干脆连考场都不进，转身回家。后来又有两次当贡生的机会，他又以父母双亲年老需要侍奉为借口，让给了别人。不过，只靠种地教书，他的日子过得相当清苦。王世杰的母亲临终前对他说：“家里已经越来越穷，如果我死了，你一定要听我的话，去当官。”可惜，当王世杰终于想通，也有人举荐他到南京做官时，他却客死异乡，留下儿子王伦，也就是王阳明的祖父。

王世杰没有做成官，只为儿子留下了几箱书籍。王伦将这几箱书籍视若珍宝，每次开箱，都无限伤感。刚成年的王伦，就被人争相聘请做塾师，经过他教导的学生，不论是品德还是学业都有一定的造诣。王伦也没有做过官，他酷爱养竹，住所的四周种满了竹子，经常在里面吟诗赋词。他善于抚琴，每当月朗风清，他便会抚上几曲，琴声落下，他还会和弟子们一起吟诗填词。月影摇曳，采集一束寂静的心曲，所谓清雅，便是如此。

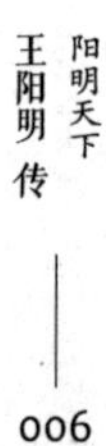

王阳明遗传了祖父“细目美髯”的容貌，也遗传了待人谦和的个性，以及敏捷练达的才智。王阳明被祖父一手带大，也许正是从祖父身上，王阳明学会了尊严不可侵犯，以及用仁义来回报不公的心境。终于王阳明 18 岁时，这位平和又严肃的老人告别了这个他淡泊一生的世界。

王伦没有做过官，却教出了一个状元和新建伯，这便是王伦的儿子，王阳明的父亲，王华。过目不忘的读书天赋似乎是与生俱来，更像是家族遗传，6 岁的王华在水边玩耍时，曾经捡到一袋金子，他怕失主来找时金子被别人拿走，就把袋子藏在了水中。失主果然来找，见到失而复得的金子后，拿出一个金锭作为谢礼，王华却头也不回地走了。成年后的王华，言语直接，经常当面斥责一些不公之事，经常得罪人，但人们也知道他并无恶意，因此并没有结怨。

一次，王伦的书馆中来了一位年轻貌美的女子，自称是豪绅家的小妾，主人多年膝下无子，特奉命前来借王华的香火。说到此时，还打开一面扇子，上面写着“欲借人间种”，王华嗤之以鼻，随手在扇面上写下“恐惊天上神”，严词拒绝。

考取了状元的王华，官拜南京吏部尚书，后被封为新建伯，他将自己极强的组织能力、危难时的从容淡定、慌乱时期的应对如流全部传给了自己的儿子王阳明。岁月无法掩盖一个家族的荣光，时间越久，却越是清晰如昨。先祖的荣光，照耀着王氏一族，而王阳明也秉承着祖制家训，开拓了属于他的非凡人生。

悠悠岁月如同微风拂过，温润地改变着世间的一切。这个带有一种神秘色彩的天才在众人的期许中渐渐成长起来，所有的人都等着他

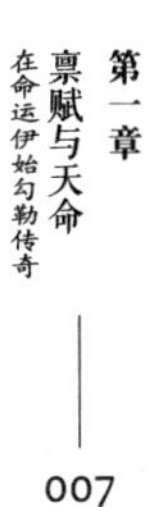

展现异于常人的禀赋。但是，这个孩子却迟迟不肯说话，这样的境况一直持续到他 5 岁的时候。于是各种猜测如被风吹过的尘埃一般，四处纷飞，王家人更是十分心急。然而，一个偶然的际遇，这个谜题终于被解开。

一日，王阳明正在门外和一群孩子玩耍，此时一位僧人经过，看见了王阳明，便叹息着说了句："好个孩儿，可惜被道破。"

这一句话，被王阳明的祖父王伦听到，他忽然醒悟，许是自己起的名字道破了孙子的来历。于是他连忙给自己的孙子改了个名字——王守仁。而就在这时，五年不说话的王阳明竟然立刻说话了。

全家人大喜，所有人都觉得，这孩子开口晚，正是应了那一句"贵人语迟"的说法，一时间，王阳明的传奇又引起了不小的波澜。

第二节 金山寺里的前世轮回

年少的光阴里，充满着欢欣与成长，又一点一滴地熬成生命中的智慧，只待时机成熟，绽放出炫目的光芒。

虽然开口迟，但是王阳明极为聪慧，他有异于常人的禀赋也渐渐显现出来。他才智的成长，要远远超过寻常同龄孩子。

一个看似像每天一样寻常的午后，却发生了一件不同寻常的事情。小王阳明的母亲郑氏和以往一样在房间里做针线活；父亲王华正在用功苦读，准备科考；祖父王伦则诗兴大发，铺陈好纸张，拿起笔来挥毫泼墨。只有年幼的王阳明似乎无事可做，他环顾四周，见大人们都在忙着各自的事情，自己显得有些无聊。他就找了个地方坐了下来，安静了一会儿之后，忽然大声朗诵起来：“大学之道，在明明德，在亲民，在止于至善……”五年不曾开口的王阳明，似乎在心中

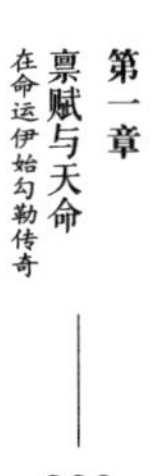

储存了太多想说的话，如今，他“开闸泄洪”了。

一开始，祖父只是听见王阳明在屋中念念有声，感到很奇怪。仔细辨听才知道，竟然是自己常读的文章，而王阳明竟全然当作嬉戏玩耍一般，一字不差地背诵了下来。

祖父惊喜又疑惑，佯装生气，问王阳明何时偷读了自己的书。王阳明答道：“我没有看您的书，只是听着您读的时候慢慢记下来的。”

听到了这样的回复，三个大人无比惊奇，祖父王伦料想道，如此下去，王阳明长大后，必定会有一番大的作为。从此后，他便更加悉心教导他读书。一代圣贤惊人的记忆力，在此时便已初露端倪。

时间总是悄然无息地行走，谁也无法描绘它的脚步。它似一把神奇的雕刻刀，把稚嫩的幼童精心雕琢成翩翩少年的模样。

成化十七年，王阳明的父亲考上了进士，奉召进京做官，第二年便要接自己的父亲和儿子一起到京城。于是，祖父带着王阳明踏上了美好的旅程，此时的王阳明已经是一位 11 岁的翩翩少年。

沿途风光秀美，一路上祖孙甚为欢愉，览尽名胜。夜间，他们在镇江的金山寺夜宿，祖父王纶因此结识了同宿的路人。晚风清凉，徐徐吹拂。夜晚寂静幽深，惹人无限怀想。

同为文人的二人志趣相投，兴致所致，又饮酒共叙佳话。两位文人兴致大发，便约好赋诗达情。客人请王阳明的祖父王伦赋诗一首来助兴，王伦虽有满腹才学，但如此即兴之间，也难免词穷。正在祖父冥思苦想之时，一旁的王阳明看出了祖父的为难，主动开口道：“平时祖父教过孙儿，这样的诗句还是让孙儿来吧。”紧接着，一首诗便脱口而出：

金山一点大如拳，
打破维扬水底天。
醉倚妙高台上月，
玉箫吹彻洞龙眠。

祖父和客人见王阳明才思敏捷，妙语连珠，都感到非常惊讶。小小年纪，便能吟诵如此佳作，让人难以置信。而这在祖父王伦的记忆里，也是从未有过的。于是，他们便又拟了一题《蔽月山房》，想考考王阳明，思考片刻之后，在祖父期许灼热的目光下，王阳明又即兴赋诗一首：

山近月远觉月小，
便道此山大于月。
若人有眼大如天，
还见山小月更阔。

虽然从诗人的艺术眼光看来，这两首诗尚显稚嫩，但对于一个 11 岁的少年来说，能作出这样的诗，已经实属不凡。

诗句，意象高远，豪迈不凡，将人比作天，还要登高台吹箫赏月，诗句中有着气吞山河的壮阔气息，又蕴藏着耐人寻味的哲理。就这样，王阳明小小年纪，就已经展露了诗人的天性。

而祖父王伦更是深切地感到，孙儿王阳明“麒麟并非池中物”，他早晚会成就非凡。那一夜，一切情绪在祖父王伦的心中盘旋，他对孙儿未知的人生，充满了光明的期许。

这件事，被王阳明的信徒恭敬地记录下来，堪称奇谈。然而，金山寺与王阳明的传奇，并未由此息止，后来的故事，更加玄妙神秘。

相传，在多年之后，王阳明重游金山寺，那里虽然经过重修，但是王阳明对这里的一切有一种莫名的熟悉感。一种难以名状的感受，冲击着他的心。

他在一间贴有封条的禅房前忽然停住了脚步，便要求僧人打开房门。但是僧人说，房中曾有一位老僧人在此圆寂，而且老僧人的尸身还停留在房中，所以不便开门。

但是王阳明却觉得那是自己的卧室，所以再三恳求。最后，僧人见王阳明意念坚定，迫于无奈，打开了房门。

可眼前的一幕，却让所有人惊诧不已。破旧的禅房里，一片寂静，连尘埃也寂然地附着地上。禅房内，老僧人的容貌并未腐烂，而他的面容和王阳明一模一样，只是没有头发。更令人称奇的是，一面墙壁上还有一首诗作，这样写道：

五十年后王阳明，
开门犹是闭门人。
精灵闭后还归复，
始信禅门不坏身。

这个关于王阳明前世今生的故事，玄妙而离奇。

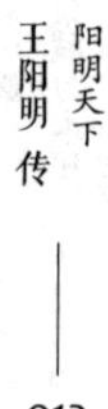

虽说让人难以相信，但是王阳明的一生，本就是一个离奇的传说，虚妄与真实，在这样一个奇人身上，更是让人难以辨认。

祖父将自己对书籍的一腔热爱全部传给了王阳明，不仅有孔子的《论语》、孟子的《鱼我所欲也》，更有唐诗宋词，以及儒家、道家的教义，这些全部都是王阳明童年的开蒙读物。也许正是因为博览群书，让王阳明从书中了解了世人的思想，但他从没有因为自己一点小小的才学而扬扬自得。这样一位睿智谦和的少年，注定不会成为一位庸人。

虽然自幼就显露出诗人的天赋，但最让王阳明感兴趣的，却是兵法。《孙子兵法》是王阳明爱不释手的书籍，他收集了许多果核，照着《孙子兵法》中说的那样，把果核当作士兵来排兵布阵。小小年纪的王阳明便已经懂得用八卦阵克龙门阵，用一个阵克另一个阵。这是他最大的乐趣，同龄人很难理解其中的奥妙，因此，每当家中有父亲的朋友来做客，才是王阳明最快乐的时候。他不吵不闹，学着父亲的样子为客人倒酒，只要客人有空，他便取出早已准备好的果核，与客人做起排兵布阵的游戏，只要客人摆一个阵，王阳明稍加思索便能想出攻克的阵形，如果想不出来，他会更加开心，缠着客人学习各种奥秘。兵阵的来历、制法、优势，他都要研究得一清二楚。父亲嫌他打扰客人，因此也没少责备他。

有些人天生就注定与别人不同，这种不同就像一枚酝酿在身体里的酒种，时间越久，便越是醇香。即便是在与小朋友的游戏中，王阳明也能处处显露出自己的与众不同，小朋友们都叫他“智多星”。王阳明看的书多，知道的故事也多，每次他讲的故事，总是能引得小朋友们认真倾听。孙子是他最敬佩的人，他讲得最多的也是孙子的故事：

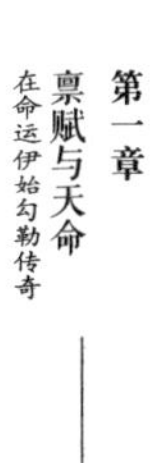

孙子和庞涓是同门的师兄弟,他们一同跟随师父鬼谷子学习了四年,在山中久了，难免对外面的世界感到好奇。他们二人商量了一下，一同去向师父请求，希望师父允许他们下山。鬼谷子听了两位徒弟的请求，没有点头也没有摇头，而是微微一笑，说道:“你们跟着我学习了四年，是否学有所成呢？我出个题考考你们，谁通过了就可以下山。”庞涓听了很开心，不就是答题吗，一向自以为是的他觉得这简直是小菜一碟，一边兀自高兴，一边还不忘催促师父快些出题。而孙子在旁边低头不语，谦虚的他知道，师父出的题绝不会那么简单。鬼谷子说道:“我现在就坐在屋内，你们二人如果谁能让我走到屋外，谁就赢了。”还没等师父说完，庞涓就施展开了自己的“才能”，他骗师傅说着火了，师父纹丝不动。庞涓一计不成又生一计，他拿走了房间里的全部食物，说师父如果饿了就自然会出来，可师父还是不曾踏出房间半步。庞涓试了一个又一个计谋，都没有得逞，他再也想不出好的计策，终于认输了。

一直没有出声的孙子终于毕恭毕敬地对鬼谷子鞠了一躬，说道:“弟子浅薄，学业不深，未能想出妙计来。但是如果让师傅从屋外走到屋内，弟子倒有个办法。”鬼谷子听到他这样说，心中也思忖了一番，从屋外走到屋内，这又有什么区别，干脆试一下，看看这个平时沉默寡言的学生有什么妙计。想到此，鬼谷子便朝屋外走去，双脚刚迈出门槛，鬼谷子一下子醒悟，这就是孙子的计策啊，让别人中计于无形，这个徒弟还真是了不起。

每当讲到此处，王阳明便一脸崇敬的表情，他佩服孙子，更希望自己能成为他那样的人。

第二节 读书做圣人

少时岁月，拥有欢乐与梦想。那一段光阴，他留下了快乐的记忆，也埋下了梦想的种子。传奇渐渐苏醒，只待主角一步步走来。

王阳明在祖父的启发下渐渐地对读书产生了浓厚的兴趣，他如饥似渴地品读着先贤的智慧结晶，恨不得读遍天下之书，将世人的思想精华全部吸收。成年后的王阳明在悟道时曾得出一句话：“良知天然现成，却被闻见习气给遮蔽了。”此时的王阳明，心灵还保持着最原始的纯净，“千古圣贤相传一点真骨血”，在祖父古典的教育方式下，王阳明还不曾经受心灵的污染。

王阳明十一二岁时，随父住在京师，身处人才汇聚的中心，通晓天下的便利，让他的眼界大开。在他的家庭，读书这件事情并未被并当时社会的普遍思维所影响、所捆绑。《四书》这样权威性的著作，在他们眼中也并不是真理般的神圣，他们会去用自己的方式理解，感触，讨论。《四书》在他们眼中也不是通向高官厚禄的秘籍，无须如天地般崇敬。一个十一二岁的少年，头脑中竟装满了天下苍生、国家命运，京城中功绩显赫的文武官员，成了少年王阳明又一批崇拜景仰的对象。

王阳明最喜欢跟父亲一起去拜访这些有所作为的人物，他听说陈泰的父亲是一位善用兵法、大名鼎鼎的功臣，屡次用奇谋在战争中获得胜利，便迫不及待地想听到这位奇人的详细事迹。可惜父亲外出，不能带他一起拜访，这位传奇人物的传奇事迹好像一只无形的手，紧紧地抓住了王阳明的好奇心，他不顾自己身份低微，竟然独自到陈泰府上拜访，请陈泰详详细细地讲了一通父亲的事迹。王阳明听了以后似乎觉得还不过瘾，又一个人去拜访了陈泰父亲的故居，把故事中许多没有弄明白的地方彻底了解个明明白白，这才心满意足地回家。

功名利禄在尘世间兀自发着光，可在王阳明一家人的眼中，再多的铜臭也比不上一缕书香。恭俭庄敬的《礼记》、属词比事的《春秋》、叙事详尽的《春秋左氏传》……这些用天地间的故事，讲述人世间正道的书籍反而被他们所青睐。他们不愿被功名利禄所牵扰，不愿被陈规陋俗所束缚，他们希望踏过竹简笔墨的清香，留给自己如莲般的意味深长，久久余香。这样的他们，当然也不相信飘浮于世间里的所谓神鬼，他们只相信用生命的探索。

一次，王阳明的父亲王华想为家中修建一座小楼。筹建之时很多人建议他要多方祭拜，以求平安，毕竟安家动土之事不可小视，而王阳明的父亲并未理会。辛勤地劳作多日后，小楼即将竣工，但就在此时，不知何故突然一场火灾将他们多日的辛苦化为了灰烬。亲友得知此事，均前往王家探望，实则是责备王阳明的父亲，说这一切源于没有供奉神灵，轻蔑了世间，大火就是报应的开始。而此举还会给王家带来更大的灾祸。亲友多次来访劝告，王阳明家里人听过后，惶惶不可终日，坐卧不安，每每有人提及神灵报应之事，王阳明都在偷偷看着父亲，毕竟神灵之事被世间渲染得如此严峻，年少的王阳明或许也陷入了疑惑。

而王阳明的父亲始终没有祭拜，在安顿好家人之后，他便重新开始了修建。近一年的修建中，王阳明与他的家人们心里，对大火的迷茫始终未消散，但当崭新的小楼拔地而起之时，迷雾被冲破，而那小楼在暮光之下的闪耀，似乎也给予了王阳明看破迷茫的指引。

《尚书》有云："若火之燎于原，不可向迩。"远方，因为有光的指引，即便是跋涉的寒夜，也会被火光照亮。大明朝的山河岁月里，王阳明与生俱来的光芒并未被长久隐匿，他的力量，在帝王的脚下被唤醒。

搬入京城之后，父亲对于王阳明的指引并不仅局限在日常中的潜移默化，为了让王阳明的天资聪慧得到发展，也为了让他能够受到良好的教育，在王阳明 12 岁的时候，父亲王华便几经周折，将他送入了当时极其著名的一家学堂。而王阳明也不负父亲的一番苦心，很快成长起来。

此时的王阳明才气逼人，从幼年时就显露出的聪明程度，此时更加光芒毕露，对任何学问都能做到举一反三，让私塾里的先生们也倍感惊讶。可王阳明此时毕竟仍是个调皮的少年，生性不羁的他常常会逃学，和一群孩子玩耍。他们最喜欢的游戏，就是排兵布阵。他们常常制作许多大大小小的战旗，伙伴们会围绕着王阳明四散奔跑，就像真的战争一样。而王阳明则是在这样的战场里扮演大将军的角色，指挥伙伴们作战。他威武的神态，格外逼真。多年后，游戏变成了现实，他果然成了一位出色的军事家。

王阳明在私塾中带领着一群少年们一起舞枪弄棒，一起读兵书，有时还会一起讨论一些稀奇古怪的问题。见儿子如此调皮，不知进取，父亲王华非常懊恼，总是担心王阳明会闹出什么事来。在对孩子的教育上，祖父王伦并不如此认为，他总是却对孙儿的许多行径给予慈爱的默许。

不久以后，有人发现一首王阳明写的诗：

山近月远觉月小，
便道此山大于月。
若人有眼大如天，
当见山高月更阔。

这便是王阳明当年在金山寺代祖父作的那首诗，只是在别人看来，并无法读懂诗中的深意。私塾先生正准备把他叫来问话，没想到王阳明自己主动找到了先生，他问了先生一个问题，一个连成年人都很少

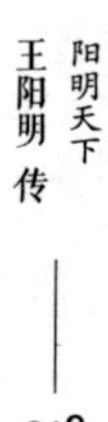

思考的问题——“何为第一等事？”

有多少人从十一二岁起就思考自己的人生价值？也许有人终生都不曾思考过。王阳明带着一腔认真向先生郑重地提问，可先生却让他失望了，先生回答他：“唯读书登第耳。”也就是说，读书考试、金榜题名、衣锦还乡才是先生眼中最重要的事。从思想上，这名先生已经被王阳明这位十一二岁的少年狠狠地落在了身后，只知人云亦云，却丝毫没有自己的思想。

也许一般的孩子对于先生的教诲会深信不疑，可面对先生的回答，王阳明只是不以为然地摇了摇头，说道：“登第恐未为第一等事，或读书学圣贤耳。”看似荒诞不经的一问，却在遥远的未来，延伸出了“心外无物”的结论，这便是王阳明一直在生命中追寻的“良知”。这一句“或读书学圣贤”，彻底地震撼了私塾先生，一个十来岁的孩子，立志要做圣贤，这样一个孩子，日后将成就怎样一番惊天动地的事业？但这一回答也惹恼了先生。因为当时王阳明所在之地可谓“科第最多”的地方，考试升官的观念早已根深蒂固。于是他大加斥责王阳明，而这似乎更加坚定了王阳明“读书，做圣人”的想法。

即便有人认为王阳明的想法与这个时代是不相配的，但谁也不能否认他的思维是异于他人、广于他人的。

王阳明的理解能力极强，在学习过程中，他并不同其他人一样只是一味追求书中所表达的含义、所谓精准的解读。他习惯于将听到的与自己所知道的结合，并去探索，去求证，去将其变成自己骨子里的东西。

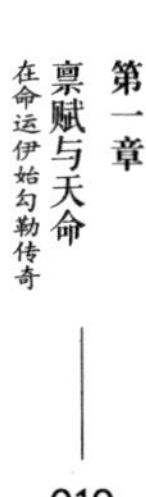

有人说那个时代的教育，是在用书籍改造甚至去征服一个人，而王阳明却将书籍真正收纳为自己的东西，被指导，但绝不被左右。

周围的人对王阳明也产生了很大的影响，王阳明的塾师上虞人许璋，非常精通兵法，常常教给阳明一些诸如“知己知彼，百战不殆”，“兵贵胜，不贵久”等孙子的兵家思想。

对于年少的王阳明来说，也许用思维、知识哪怕是理念这样的词语，都无法去形容他正在闪烁的内心之光。

少年心中的光芒，若仅仅是以知识和思维来形容，是远远不够的，那是力量的闪烁，是真正的王者之光。它不局限于纸上，不停留于言语之间，而是看准了这个时代。

随着学习的深入，王阳明慢慢有了不少顿悟。塾师许璋是一个道家色彩极其浓重的人，他告诉王阳明要“上善若水”，做人平时要像水一样善良、柔弱，遇到困难就要变得坚强，且要像水一样绝不轻易止步。

也许是受了导师的教诲，也许是一种与生俱来的领导能力，在同学们中间，王阳明成了那个最有威望的人物。课堂已经再也不能让这个胸怀大志的少年安分下来，他经常趁着先生不在，带领着一群同龄的学生跑到私塾外面玩耍。学生们被王阳明分成两派，每派都精心制作了一面专用的旗帜，而这两派的总指挥，就是年仅 12 岁的王阳明。

有一次，王阳明带领着两派人马激战正酣，孩子们却忽然原地僵住，正独坐阵中指挥大局的王阳明还不知怎么回事，缓缓转身，却见到了父亲阴沉的脸。父亲强压住自己的怒火，问王阳明：“我们家世代以读书为乐，你搞这些乱七八糟的名堂想干什么？”王阳明再一次将自己的镇定自若和条理清晰的口才发挥到了极致，面对父亲的责问，就像对待当初的私塾先生一样，缓缓地摇了摇头，道：“父亲中了状元，子孙后代不一定都能中状元。再说，儒者患不知兵。仲尼有文章，必有武备。区区章句之儒，平日叨窃富贵，以词章粉饰太平，临事遇变，束手无策，此通儒之所羞也。”

这一次轮到父亲王华深深地震撼，这哪里是一个12岁的少年说出来的话？难得儿子小小年纪便立志要做“通儒”，王华惊呆了，他不知道是应该为儿子感到自豪，还是为自己感到悲哀。一丝隐隐的担心升上心头，他怕儿子将来闯出什么祸端。而王阳明的祖父王伦却乐观得多，他认为自己的孙子不是凡人，早晚会成就一番大事业。

后有人评价说，幼年的阳明虽然道出了异于常人的读书之意，但是这只是一个孩童的懵懂幻言，而少年的王阳明，内心已经有光芒的闪烁，即便他的光芒看上去略有异样，似乎在同龄之中稍显耀眼，并且多年后这种骨子里的骄傲也让他尝尽苦涩，但骨子里的东西就是决定命运的精髓，而王阳明的精髓不仅仅决定了自己的人生，更直接决定了一个时代……

一个少年的梦想是一艘扬帆行驶的小船，行驶在红尘陌上，这艘船注定满载功绩与思想，只是，在当时，连王阳明自己都不知道，这艘小船何时才能起航。那时的他，还是一个有思想，却略显懵懂的少年。

一日，王阳明与同窗在长安街闲逛，王阳明看中了一只鸟儿，正在与卖鸟儿之人讨价还价，刚好一个相士从旁边经过，相士在王阳明身边停下，抓住了他的手，大呼福相，说他日后必定大富大贵，会建立不朽功勋。这让王阳明大吃一惊，相士说：“你是否愿意听我几句，我分文不取，只是怕你错过盛世。”说到此处，还把鸟儿买下来送给了王阳明。

王阳明听到此言，极为好奇，他当然也想听听这位相士的“指点”。相士仔细端详王阳明的面色，随后又让王阳明撩起衣袖，仔细摸索着他的骨质，随后配合着手指的掐算，口中念念有词：“须拂领，其时入圣境。须至上丹台，其时结圣胎。须至下丹田，其时圣果圆。”片刻后，只见相士睁开眼，对他说：“公子福相，终有一日必成圣人，但在此之前，必要经过苦难的磨难。”王阳明一听与自己的心思不谋而合，而相士口中的苦难，对于王阳明来讲，似乎不值一提。相士的话确实对王阳明产生了一些影响，他更加潜心向学，每当埋头苦读之时，耳边总能回响起相士的话：“你应当好好读书，立志高洁，我今天的话将会一一应验。”

在祖父、父亲的教诲下，王阳明这副稚嫩的身躯日渐成长，母亲虽然并无大的作为，但在王阳明的生命里，母爱是个不可或缺的温柔依存。王阳明始终在为他梦想的航船做着出行的准备，母亲则用自己的淡雅和纯净，悄悄抚平儿子面前的一切风浪。这位温柔的母亲本想在儿子成长的道路上默默守护全程，不料想年仅 41 岁的她，却早早走完了自己的一生。那一年，王阳明刚刚 13 岁。

母亲离世之后，父亲王华为王阳明迎娶回一位继母，这是一个胸怀并不坦荡的女人，对待王阳明非常不好，王阳明也暗暗酝酿着给继母一个不大不小的教训。

一次逛街，王阳明遇见一位卖猫头鹰的人，马上心生一计，教训继母的机会来了。他将这只用绳子捆绑着的猫头鹰买了回来，又用银子收买了一位巫婆。回到家后，王阳明悄悄将猫头鹰藏在了继母的被窝中。继母一掀被子，猫头鹰呼地一下飞了出来，吓得继母惨叫一声瘫坐在地上，猫头鹰在房间里发出恐怖的叫声，四处乱飞。当时的人们认为猫头鹰是不祥之物，见到已经算是不吉利，藏在被窝中更是极大的忌讳。继母冷静下来以后，想到猫头鹰本来是野外的鸟儿，如今竟然在自己被窝中出现，一定是王阳明搞的鬼。面对继母的质问，王阳明假装毫不知情，还神乎其神地说了一番听到鸟儿怪叫的事情。

继母赶紧找来巫婆占卜，巫婆早已被王阳明收买，焚香祷告之后，假装王阳明的母亲郑夫人附体，厉声斥责王阳明的继母道："你对我儿苛刻，我已向天神禀明，那只怪鸟就是我的化身，今日奉旨索你命来！"吓得继母赶紧下跪磕头，连声忏悔，表示再也不敢虐待王阳明了。以计取胜，王阳明的善用奇谋，此时已经初露端倪。

第四节 卷甲归来马伏波

《游灵岩记》有云：“虚明动汤，用号奇观。”乱世之中，必有英雄闪现，即便未能改写一个王朝，也注定会改写人心。

王阳明出生的年代，皇帝昏庸，对于朝政全然不顾，民不聊生，整个社会陷入一片混乱。求生的本性，让普通民众揭竿而起，刹那间，农民起义风起云涌，天色大变！

“与其取于山，劳而不获，孰若取于人，一举而有余”，叶宗留这位武林中人，在这一信念的指引下，带领义军打出矿区，攻陷了政和县城和各大乡镇。随后，叶宗留与邓茂七相逢，两人破云而出，写下了旷世的壮丽，激起了乱世的巨浪。而这巨浪不仅仅打醒了朝廷的昏庸，更打翻了民众苦不堪言之下的平静。

恰逢乱世之中，北方的蒙古族也乘虚而入，此举对大明朝来讲，无疑是雪上加霜。英宗正统年间，瓦剌部落部长脱欢向明朝发动大规模进攻。这个虚弱至极的国家，竟被直取皇都，俘获了当时的英宗皇帝。最终明朝赔偿了数以万计的金银珠宝，脱欢才答应退兵。这动荡的朝廷，在王阳明幼小的心灵里投下了巨大的阴影，而一颗重振大明朝的种子也被少年内心的光芒唤醒，缓缓萌发。

自从算命的相士对王阳明说："你记住我的话，当你的胡子长到衣领那儿时， 你就入了圣境；胡子长到心窝时，你就结了圣胎；胡子长到肚脐时，你就圣果圆满了。"从那一刻起，一直萦绕在他脑海中的疑虑似乎迎刃而解。人生短暂，王阳明总是在想，人活在世上是为了什么，死亡又究竟有多么可怕？那时的中国还没有宇宙的概念，可每当面对茫茫星空，王阳明总是不自觉地陷入深思。

王阳明 14 岁的时候，就开始了骑射技术的学习，并研读兵法。他曾说道："读圣贤书的儒者应该以不会用兵为羞耻。孔子也曾在《孔子家书》中说过，有文事者，必有武备；有武事者，必有文备。现在的很多儒者，往往以文章和词句欺世盗名、获得富贵，以华丽辞藻粉饰太平。国家出现危机重大变故时，则畏首畏尾，束手无策。实在是儒者的羞耻！"

王阳明 15 岁那年，随同父辈，私自出游居庸关。那时的长城内外，硝烟四起。驻足万里长城，一览疆土，这一刻的王阳明仿佛置身于战火纷飞的沙场，铁马铮铮，正在为国效忠。

居庸关是北京的咽喉要塞，正是因为此地的凶险与重要，明朝

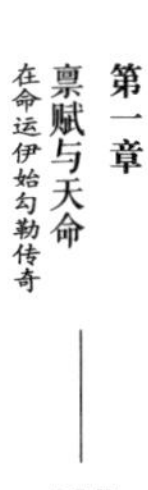

的开国皇帝朱元璋才不惜用重金，派遣徐达和常遇春修建了面前这座守卫着京城安全的边关要塞。王阳明隐藏在心中气吞山河的豪情壮志，在巍峨雄壮的居庸关面前彻底迸发，这里是他远大志向的现实写照。闭上双眼，仿佛还能看见当年战旗飘扬、兵勇激战的场面，耳边似乎还能听到战鼓声声、厮杀阵阵。王阳明的心彻底沸腾了，明朝已经开国百年，这百年的明朝似乎风云迭起，异常精彩，谁又知道，拥有着王阳明的大明朝，又将经历怎样的异彩纷呈？

眼前的壮阔逐渐衍生出内心的激动，这份激动愈演愈烈，王阳明的心动了，随即他也开始了行动。王阳明只身接近蛮夷腹地，对其进行了详细的勘察。

王阳明主动接近明朝将领，听取他的战术战略，并详细记录。此时的王明阳所做的一切，正是在为日后时机成熟之时能够率兵重振山河所做的储备。史书记载，王阳明曾经偶遇胡人骑兵，他搭箭怒射，并一路奔袭试图擒获对方，胡人骑兵出于多种原因，竟不敢回击。

在苍茫边塞思考御边之策，登顶长城遥想万马奔腾，遍访乡间贤士，一番报国志在胸中酝酿升腾。王阳明就这样“奔波”了近一个月，最终意犹未尽地返回北京。下山途中，两个鞑靼人骑着马与王阳明迎面相遇。他们眼中的王阳明，只是一个再普通不过的少年，完全不值得放在眼中，态度嚣张傲慢的他们，似乎想要感受下王阳明落荒而逃的有趣场景。他们太过自信与狂妄，在王阳明眼中，这两个鞑靼人分明就是两团让人愤怒的火焰，回想当年，正是鞑靼人让王阳明的偶像于谦落了个兔死狗烹的下场，回想于谦为国为民鞠躬尽瘁的身影，王阳明心中愤怒的火焰燃烧得更加旺盛，他举起随身携带的弓箭，手指勾动，两支离弦的箭朝着鞑靼人的方向应声飞去……正在自顾嚣张的两个鞑靼人，从没想过如此一个少年竟然敢朝自己射箭，猝不及防之下双双中箭。但少年的力气毕竟有限，两个鞑靼人并没有死，只是受了伤，惊恐的二人来不及思考，骑马转身就逃，王阳明在身后策马狂追，一边追还一边大声呼喊，箭一支一支地射过去。

王阳明从小熟读兵法，他懂得作战时一鼓作气，再而衰，三而竭的道理，也深知“穷寇莫追”，在两个鞑靼人后面追了一段，王阳明似乎已经出了心中的一口恶气，看着二人越跑越远，王阳明放弃了追逐，转身向家的方向走去。

这天夜晚，王阳明梦见自己来到了伏波将军的庙堂中拜谒。伏波将军是古代对将军个人能力的一种封号，伏波意为降伏波涛，历朝历代中曾出现多位被授予伏波将军的人物，最著名的伏波将军是东汉光武帝时期的马援。梧州建有庙宇，供后人怀念马援，随即人们将其称为伏波将军庙。

王阳明在梦中竟吟诗一首：

卷甲归来马伏波，

早年兵法鬓毛皤；

云埋铜柱雷轰折，

六字题文尚不磨。

常言道，日有所思夜有所梦，王阳明梦到伏波将军马援绝非偶然，他始终坚信，有一天，这平日之中的积累定能助他血战沙场，建功立业。

繁华的背后总是偷偷隐藏着阴影，曾经最珍惜的美景，也总有一天会萧瑟成遍地清冷。王阳明也许想过，人追求幸福而生，但必须伴随痛苦而活。当时的明朝皇帝朱见深长期不理朝政，导致了奸人汪直专政。皇帝昏庸，大臣无能，大明朝这辆大车在下坡路上快速前行。对大明朝当时的状况，有人戏称："纸糊三阁老，泥塑六尚书"，言下之意，满朝的文武官员竟没有一个有思想的血肉之躯。

朝廷中的官员已经混乱不堪，地方的官员则更是日益腐败，百姓受不了官员的压迫，纷纷揭竿而起。

正值祸不单行的多事之秋，很多地方水旱灾害接踵发生，盗贼也趁机兴风作浪。王英、王勇一帮盗贼在京城不断地群起滋事，石和尚、刘千金等在陕西一带兴风作浪，屡次攻占朝廷城池，掠夺府库金银军饷，迫害平民。而朝廷对于这些灾祸竟然是无可奈何、无计可施。

王阳明见此境状，多次试图上书给朝廷，献出自己平定叛乱的计策，表明自己要如前汉的名将那般冲锋陷阵，率领精兵一万人马，征战沙场，势必攻破敌人城池，铲平逆贼的巢穴，还大明朝太平盛世。

而其父王华得知此讯后，马上出面制止。父亲斥责王阳明太过狂妄，竟敢如此不羁地胡言乱语，这样下去只会是死路一条。

一个 15 岁的孩子，竟然敢给朝廷写信，确实让常人难以想象。无论是对王阳明的教育，还是对王阳明视野的开拓都起到了至关重要的作用的父亲，如果不是在这次上书事件中极力阻拦，极有可能酿成大祸。

诸葛瑾曾说："恪性格急躁、刚愎自用，而且太喜欢表现自己，锋芒过于外露，终将引来祸端。"此时的王阳明就是如此，锋芒毕露的他忽略了未知的风险。年少时的迸发，总会因积淀的薄弱而轻易燃尽，待到成熟之时的闪烁，才会更加耀眼持久。

自此，王阳明才对此事死心，最后全心全意投入到读书求知中去了。

有多少才华失落在时间，多少暮年的老者独坐于僻静的角落，安详地独想，空有曾经的作为与抱负，如今却只能静静地坐看夕阳。不论前世如何繁华，或是如何悲凉，都只能留与后人，自己只留下无限的静默与冷寂。

王阳明是幸运的，这样一个胸怀报国志的少年，在良好的环境中不断地提升着自己的修为。叔父王德声曾与王阳明一起研习学问，王家人时代的淡泊名利，在叔父身上似乎再一次找到的踪迹，他喜欢独坐房中冥想，王阳明曾尝试邀请叔父一同去游学做官，叔父笑着回答："古人都崇尚孝养双亲，拿再高的官职也不会交换。我又怎么能抛弃老母而博取一个儒学的头衔呢？"于是，叔父决定回乡赡养父母。

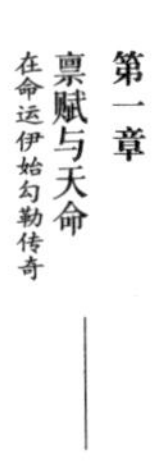

叔父是王阳明的知己，他了解王阳明的思想，也明白他的志向。后来当王阳明在江西为官时，叔父曾经来探望过他，只住了三个月便要返乡，王阳明苦留不住。叔父对他说：“秋风菁鲈景色宜人，但是我了解你的志向。然而今日世事如此，我知道你不能离开官场独善其身，我也不能强拉着你一起回余姚。这样吧，我先回去，为你的阳明学先去做最基础的工作，你觉得如何？”临行前，叔父要王阳明写首诗送给自己，王阳明强忍离愁，写下这样一首诗：

犹记垂髫共学年，于今鬓发两苍然。
穷通只好浮云看，岁月真同逝水悬。
归鸟长空随所适，秋江落木正无边。
何时却返阳明洞，萝月松风扫石眠。

此时的王阳明已经进入官场，努力施展一身的抱负。而当年 15 岁的王阳明，依然是一个血气方刚的少年，与生俱来的率真与粗狂，让他的爱好异于常人的广泛与精彩。

第二章 求索与探寻

奔向未来的少年

第一节 花烛之夜入庙堂

“本来无一物，何处惹尘埃”，17 岁的王阳明陷入了短暂的困惑之中，故乡和亲人的逝去让他开始了一段关于“成圣”的新思考。他一心畅想着自己的远大志向，却忽视了眼前最现实的问题——男大当婚，女大当嫁。

明孝宗弘治元年，17 岁的王阳明返回了故乡余姚，而这次回归故乡，王阳明还背负了一项重任——“结婚”。这一年七月，他从将洪都迎娶新娘诸氏。

自古以来，成婚便是人生中头等大事，准备结亲的两家，无论是大家闺秀还是小家碧玉，无论是穷小子还是富公子，总要考量自家和对方的条件，不仅八字要合，最重要的是还要门当户对。

王阳明的岳父和他的父亲王华是至交好友，叫作褚介庵，当时担任江西布政司参议。在王阳明很小的时候，两家便常有往来，也许是褚介庵早已看出了王阳明身上隐隐散发的光芒，在两个小孩还不懂得什么是成亲的时候，便把自己的女儿许配给了王阳明。为了表示对这门亲事的重视，17 岁的王阳明不远千里，亲自到南昌迎娶自己的新娘。

洞房花烛，总是宣告一个全新的开始，一种润物细无声的惬意与平静。万红盛开，笛声悠扬缓缓而来，晚霞似乎红着脸，对月老红线系住的一对璧人张望。新娘大红的盖头映衬着天边的红霞，而新郎，却缺席了。

良辰吉日将至，大家忙忙碌碌地为王阳明的婚礼准备好一切。这一天欢乐的气氛填满了整个府宅，而正当大家翘首企盼两位新人拜天地入洞房之时，意想不到的事情发生了——新郎不见了！

大家找遍了府宅内所有的角落，可就是找不到王阳明，家人不得不派人去外面寻找，这下所有的人都慌了，良辰吉日已到，可新郎却不见了。寻找新郎的人员数量在不断增加，天色渐晚，家人不得不派人进山寻找。

此时的王阳明在思考，思考的内容依然是国家兴亡和心中的抱负，与婚姻大事无关。原来大婚当日，王阳明清晨带着思考出门散步，不经意间走到了许旌阳的铁柱宫。许旌阳就是道教著名人物许逊，又称许天师、许真君，是东晋时代的名道，江西南昌人。“存心不善，风水无益；父母不孝，奉神无益”正是由这位许天师提出的。许旌阳被奉为净明道、闾山派尊奉的祖师。铁柱宫，“宫”只是源于道教与其他派别的说法差异，类似于庙宇，寺院。

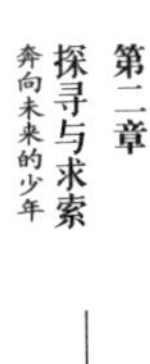

王阳明抬头一看，自己已经到了铁柱宫。于是就走进了大殿之中，远远看到一位老道“庞眉皓首，盘膝静坐”。王阳明恭敬地走近道士，行礼问道：“老人家为何在此打坐？”

道士答道：“我原本是四川人，原本是来此走亲访友，故而到得此处宝地！”

王阳明随即问老者的姓氏，道士说：“我很小的时候就离开故乡求道了，自己的原名早就忘记了。后来人们见我经常静坐念道，于是大家都称呼我无为道人。”

王阳明观其精神矍铄，举止大方有礼，谈吐声若洪钟，便断定眼前的无为道人必是得道高人。想到此处，他再次行礼，想在这位老者身上探寻修身养神的精髓。

无为道人回答道：“修养的精髓所在就是一个静字。老子推崇清净，庄子偏爱逍遥。但是只有清净后才能达到逍遥的状态。”

随后，无为道人还向王阳明传授了成道的秘诀。所谓的仙家养生的方法，指的就是道家林林总总、各种各样的呼吸法。

听到此处，王阳明恍然大悟。原来道家的精髓就在于闭目静坐，要像枯槁木桩一般笔挺，不避晨昏，废寝忘食。

而与此同时，家中派来寻找王阳明的人，依旧在漫无目的地寻找新郎官的下落，但是谁也没能想到新郎官会进入道观之中，并且还如痴如醉般地研习了起来。

就这样直到第二天天亮的时候，派出去寻找的人才找到铁柱宫之内，这才发现了新郎官。看到焦急的家人，王阳明竟然显得有些诧异，

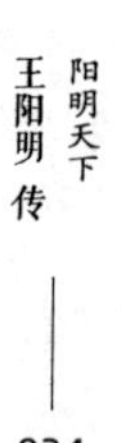

他无奈道：“罢了，罢了，可惜，可惜。”感叹自己不能和无为道人继续深入地探讨下去了。王阳明告诉前来寻找的人，自己要与老者道别，让他们在门外稍等片刻，等到他回到道观中，发现老者一如昨日初见模样，纹丝不动地静坐在那里，没有丝毫的改变。

找他的人在门口左等右等，最后只能再次进入道观，催促这位“迟到”的新郎官赶紧回去成亲，王阳明依依不舍地与无为道人告别。无为道人只说了四个字：“珍重！珍重！”

曾有人评价，王阳明此举可谓一大笑柄。诚然，一个人专心致志地做某一件事情，而能够超越尘世的烦琐羁绊，是何等大兴之事啊！“洞房花烛夜”可谓人生之大喜，换作普通人，洞房之事可谓天下最大之事，其他事情都能一概忽略对待。而王阳明居然全然不顾，丢下一切跑出家门，到道观里与道士坐而论道，让人不得不佩服王阳明的对于尘世繁华的态度。

尘世间张灯结彩的热烈，而王阳明偶遇宁静的打坐，是机缘，是命运，难以说明，而选择宁静，忘却繁华，便化成了念，存于了心。

岳父褚介庵让王阳明在自己的官署里任职，帮助自己处理公文。王阳明每天都很守时，也很敬业，原本需要两个时辰处理的公文，他不用半个时辰就能处理完毕，剩下的时间就用来练习书法。日积月累下来，王阳明将岳父家中存储的好几筐纸张消耗殆尽，他的书法也大有长进，笔走游龙之间，尽显先祖王羲之的遗风。明代著名的书法家曾经说过：“王羲之以书掩人，王阳明以人掩书。”王阳明的书法独具一格，在中国的书法史上也能名列前茅，只是他在为人方面的作为，完全掩盖了书法的锋芒。

后来与弟子讲起此事，王阳明这样说道：“我开始练习书法的时候，是按照古人的书法临摹的。但是我并不止于观照着古人的字帖，单单从字形上追求形似。每次我下笔的时候，都要仔细琢磨，轻易不敢落笔，而总是凝神屏息，平静心情，在心里考虑这个字如何写最好。时间久了就明白了这个道理。”所谓“写字就是写心”，想必正是如此。

从少年到青年，“侠客梦”与“圣贤梦”始终萦绕在王阳明心中，久久不能割舍，他是个有梦想的人，建功立业、流芳百世，是王阳明心中的第一等事。

在王阳明成亲的第二年，他带着自己的夫人返回了北京。途中，他特意去了一趟上饶，拜访大儒娄一斋。娄一斋是个“静久而明”的奇人，在他早年进京应试的时候，刚到杭州，却突然返回。大家很奇怪，问他原因，他只说道：“此行非但不第，且有危祸。”他的话果然应验，京城会试的贡院起火，很多应试的举人惨死其中。

娄一斋年轻时的抱负与王阳明惊人的一致——做圣人，他曾游览名山大川，遍访名师，只是每次都乘兴而去，失望而归。他说：“都是些举子学，不是身心术。”他听说吴与弼堪称当时的圣人，特意前去求学，娄一斋得到了吴与弼的真传，对朱子学和心学颇有领悟，他将宋儒“格物致知”的精髓灌输给王阳明，又将“圣人必可学而至”的理念传授给了这位志同道合的青年，这是儒学的通则。也许正是这次见面，给了王阳明成为圣人之路上的一记推动力。因为，成为圣贤，也是王阳明一生致力的目标。

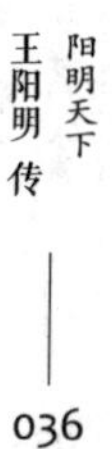

走到生命的哪一个阶段，便应该热爱那一段时光。王阳明并非一生怀揣抱负与大志严肃度日，他的生命中，也曾有过一段热爱诗词歌赋的灿烂时光。

从北京返回余姚，王阳明又开始和周围的文人墨客饮酒赋诗，他的诗文，总是带着一种信马由缰的随意，细细看来，每一句辞藻似乎又都有着慎重的修饰，流快的文风总是富于变化，又充满着跌宕起伏的豪情壮志。他向来最爱苏东坡的文章，也许这种后人无法超越的文风，也给了王阳明极大的灵感。也许这是一向“端坐省言”的王阳明最活泼诙谐的一段时期，未来，一场又一场狂风暴雨，等待着王阳明拨开云雾。

第二节 阳明格竹

一颗星星的陨落代表一个生命的逝去，无法挽回，只能眼睁睁看着它划过夜空，绚烂的瞬间，或许还能有人见证，它们默默带着各自的愿望，既为生者，也为逝者。

弘治三年，王阳明的祖父——竹轩公王伦永远地告别了这个世界。这位老者将容貌与个性都传给了王阳明这个嫡亲的孙儿，最终带着些许遗憾，随着流星陨落了。也许天空中多了一颗明亮的恒星，从此就用闪闪的光芒，在王阳明的人生之路上点起一盏微弱的明灯。

伴随祖父的灵柩，王阳明和父亲王华一起回到了余姚老家，13 岁就已经失去母亲的王阳明，在 19 岁的年纪又一次经受了与亲人的别离，王阳明的心中充满了说不出的悲伤。每个生命的别离总是伴随着哀伤，祖父的离开，让王阳明觉得，自己生活的空间，仿佛变成了静谧的人境。离别的笙箫已经宣告了一种哀伤，静坐房中，回想童年时与祖父的欢乐过往，早已物是人非，祖父淡然仙去，徒留人世沧桑。

祖父的离去让王阳明再一次开始思考，世界之大，人又处于何种境地？蝼蚁虽小，其逍遥却值得人们羡慕。死亡究竟是不是一件值得恐惧的事情？一旦撒手人寰，从此世界与我无关，残忍着生的悲伤，绝望着心的悲鸣，煎熬着爱的回忆。王阳明希望，冥冥之中，天空中有那么一块，是给灵魂停留的，他忽然觉得死并不可怕，死，与高尚唯美同在，升华为精神的圣洁。逝者翩然仙羽，生者释然带笑，终有一天，一切将重归平淡。

参透了生与死的意义，日子还要继续。父亲王华回到家乡，每天给王家的子弟们传道授业，王阳明也在其中，他将曾经的嬉笑玩闹统统收拢，态度端正了起来。白天，他与家中的子弟一起学习功课，背诵名家之文，夜里，他竟一反常态地秉烛夜读，阅遍经史子集，为白天学到的课业从旁佐证。经历了成亲与亲人逝去的王阳明，似乎在一夜之间成长，当年的孩子王如今变成了一位上进的青年，每天还会与一同学习的兄弟们共同探讨学问。他的文学功底突飞猛进，所有人都吃惊于王阳明一日千里的变化，不由得惊叹："彼已游心于举业之外，吾辈不及也。"

王阳明做学问的方式与别人不同，在别人还在背诵经史子集的原文时，他已经开始探究内在的学理了。与娄一斋的一番交谈，让他对宋儒"格物致知"的观念越发感兴趣，他将专讲理学的著作《近思录》

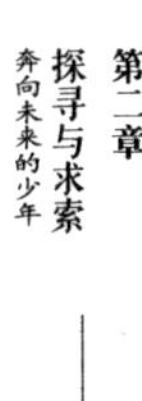

反复看了许多遍，却仍没有参透“格物致知”的真正道理。

人生如花开，美丽璀璨，拥有希望和梦想，可想得多了，心便会累。现实与思想，在王阳明的脑海中乱成一团，他迫切地想要知道区分一件事物对与错的方法。就在此时，朱熹的哲学，给了王阳明一些推动力。

在宋朝，朱熹的地位如同孔子般神圣不可侵犯。孔子教授人们“三人行必有我师焉”“学而时习之，不亦说乎”等为人处世的简单道理，而仅次于孔子地位的第二大圣人朱熹，则喜欢向人们讲述意识与形态的哲学，比如石头为什么叫作石头，鸡蛋又为什么叫作鸡蛋？是因为我们的祖先就这样叫吗？那我们的祖先又为什么这样叫？朱熹不但思考这些事物，还曾经问过自己：“一个人到底怎样认识每个具体的事物呢？”经过不断思考，朱熹总结出一套叫作“天理”的理论，也就是说，事物不会因为人的意识而改变，这就叫作天理。天理的本身是完美无缺的，只不过，表面上有许多纷繁凌乱的表象，人们只有通过不断学习，才能不被这些表象蒙蔽，从而看清事物的实质，获得真正的学问。

在明代，朱熹的《四书集注》是科举考试的重要参考，关于朱熹的理论，王阳明不能不仔细研究。

朱熹赞成“持敬”，提倡“坐如尸、立如齐、头容直、足容重，口容止……”也就是说，坐着看书写字的时候，姿势要端正挺直如同僵尸一般；站立时，身体要像靠着墙壁一样笔直，这是一种治学严谨的态度，也正应了王阳明此时探求“格物致知”的心情。

朱熹说：“‘理’存在于自然万物中，存在于一草一木中，只要

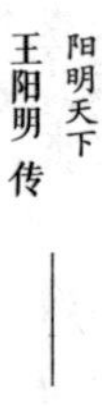

潜下心来去格物，今天格一物，明天格一物，终有一天，会悟出事物之中蕴含的真理。”这句话似乎在冥冥之中为王阳明开了一道天光，为他在“格物致知”的道路上继续前行提供了一丝灵感。他决定，格物从自家后院的竹子开始。

在中国人眼中，竹子不仅仅是一种植物，更是一种精神的象征。王阳明的祖父王伦生前最爱竹子，在自己的后院种满了竹子，还为自己取名“竹轩翁”。如今，祖父王伦已经辞世，他在世时种下的这些竹子依然健在，王阳明邀请了一位姓钱的好友，每天吃过早饭之后，就来到自家后院，面对着竹子一脸严肃地坐下来。两个人，四只眼睛，几乎目不转睛地盯着面前的一根竹子，似乎透过这根竹子就能参透整个世界。他们天真地以为，一旦掌握了竹子变化的玄机，世间万事万物的变化，便会悉数掌握在自己手中。

时间一个时辰又一个时辰地过去，两个人从早到晚，一刻不停地在头脑中去格竹子中蕴含的道理。他们忘记了吃饭，忘记了喝水，似乎面前这根小小的竹子，便是他们的全部世界。起初两天，两个人还信心满满，势必从竹子解开“格物致知”的真理，可是到了第三天，王阳明的朋友有些坚持不住了，体力和脑力的极大消耗，让他准备放弃。面对朋友的退却，王阳明的内心有些带着嘲笑的意味，认为这位朋友与成为圣贤实在无缘。

可是一个人“格竹”的日子，似乎更加艰难，眼前原本清晰的竹子变得越来越模糊，王阳明感到呼吸前所未有的急促，心脏也随之剧烈地跳动，他想动一动僵硬的身体，却像灌满了铅一样沉重。原本生

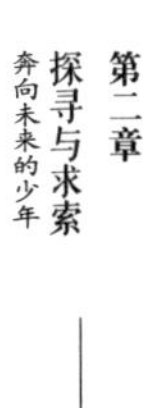

长在地上的竹子似乎腾空而起，一排一排地飘浮于空中，耳边似乎传来一阵悠远的声音："格物，可不是这样格的……"

此时是"格竹"的第七天，王阳明也耗尽了精力，当他再一次张开眼睛时，发现自己已经躺在了家中的床上，原来"格竹"让王阳明的身体极度虚弱，病倒了。朋友不计较王阳明当初的嘲笑，前来探望他，王阳明也没有格出竹子中的真理，感到有些惭愧，只说了一句"圣贤有分"，勉强应付了过去。

漫长的岁月中，总有人试图通过对错来找寻自我，风尘中的文字诠释着多少压抑，星光没有暗淡，细水微澜沉淀了几许从容，些许禅意，揉入几许虔诚与慈悲，生命，总能迸溅出华美与纯正的音符。

多年之后的王阳明始能参透，程朱的"格物致知"，是要通过多分析与多思考，用经验去分析事物，时间久了，自然水到渠成，一通百通，远不是盯着一件事物不眨眼地看，就能看出来的。当年的王阳明，想通过格竹一件事情，寻觅出"格物致知"的统一标准，这注定是一次失败的尝试，世间万物的真理哪能单靠一件事物获得，这种想法太过不切实际，不过，"阳明格竹"却因此成了一段流芳百世的传奇佳话。

王阳明格竹失败，对于他想要成为圣贤的志向，也产生了不大不小的动摇。许多年来，王阳明一直"遍求朱熹遗书读之"，将大部分精力都投入对理学的钻研之中，结果白白付出了精力与体力，却一无所获。也正是如此，王阳明的"成圣之路"似乎又打开了一扇小门——他忽然觉得，朱熹是错的。

普天之下，还没有人敢质疑朱熹的权威，也从没有人敢去试想朱

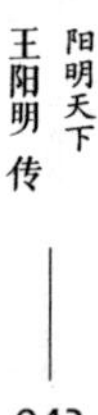

子的想法是错误的，只有王阳明，不仅敢想，并且敢做。

在对朱熹的质疑中，王阳明忽然发现，朱熹似乎并没有教导人们探索事物的规律，反而是大加宣扬“存天理，灭人欲”的理念。朱熹一直在教导人们要放弃对于物质的欲望，放弃升官发财的念头，认为这些都是罪恶的源泉，这才是天理。他认为每个人都应该恪守自己的身份，不得越雷池半步，君臣之间应该划出严明的界线，人与人之间的地位差别也不应改变，三纲五常，永远应该成为人与人之间的束缚。

统治者们更是将朱熹的理论奉为真理，从南宋时期开始，朱熹的哲学便成了法制的理论依据，甚至成了官方的哲学，到了王阳明所在的明代，考科举的人都要熟读朱熹的《四书》，许多做官之人，甚至能将《四书》一字不差地背诵下来。

倘若生命有无数个轮回，谁又在这相似的轨迹上找到不一样的自己？冬夏交替，残花殆尽，终能嗅出遗散的种种意义。

一旦开始怀疑，便会参透种种破绽，王阳明渐渐发现，程朱的理学并不能称为一门学术，只不过是官场的信条，许多为官之人举着《四书》作为幌子，以伪君子的身份做出种种祸国殃民之事。渐渐地，朱子的理论被王阳明彻底舍弃，不仅如此，他还公开指出了程朱理学腐败的地方。

王阳明认为，学习程朱理学的人，大多心术不正。他们苦读《四书》，不过是为了粉饰自己，向他人卖弄，书中看似在讲仁义，实际上暗藏谋取私利，通过贬低他人，借以抬高自己，王阳明主张，读书是为了提高自己，而非为了蝇头小利，而《四书》似乎违背了这样的常理。

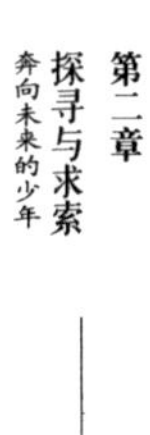

除了心术不正，王阳明还发现了程朱理学中的浅薄之处，士大夫读书，大多只是为了应试，看懂表面文章就已经自觉了不起，哪里去管书中的内涵究竟蕴藏何处，似懂非懂，不如彻底不懂，王阳明认为："尽信书不如无书"，考试不能考出人的真实水平，即使落榜，又有什么值得遗憾的呢？

程朱理学的烦琐，将原本浅显的道理拉扯得支离破碎，陈旧的观点被一分为二、二分为四，没有全新的简介，只是将旧观点不断拆分，不但越来越说不明白，还经常为了争论你对我错搞得面红耳赤，滑稽可笑。

当时的学者，求学的态度只求耳朵听得懂，嘴上说得出，行动上却未必要有所体现。人们嘴上说着"仁义礼智"，行动上却强取豪夺，对这样的人，王阳明最是痛恨。

一次"格竹"的失败，反而让王阳明参透了无数人生真理，直到多年以后回忆往事，王阳明依然对当年的"格竹事件"耿耿于怀，理学研究上的失败，也终于给了王阳明最看不上眼的科考一次机会。

第二节 踏上科举之路

先入世，再明世，而后决世。年少时所有关于才情性格的迸发，如果未能踏入凡世，何谈去改变时代，所谓的迸发或许只是藏匿于深谷中的奇石，只能待人发觉，或被时代冷落一世。

阳明格竹失败的事件，让他大病了一场，也终于让他认清，圣贤不是一蹴而就的。如果想要出人头地，科举之路还是不二的选择。虽然幼时曾对科举制度颇有微词，而此时的王阳明也不得不通过科举走上仕途之旅。虽说考中进士甚至状元，都不能保证人生从此衣食无忧，但由此却可能会打开一扇成功之门。

父亲王华更加关注儿子的学业与仕途。他命令王阳明和王华的堂弟，即王阳明的堂叔王冕、王阶、王宫及姑父王牧一起准备三年一度的科举考试，于是他们开始了关于科举的研习。王阳明并不像其他学子一样，有着势必中状元的梦想。父亲已经是当朝状元，这一事实并没有给王阳明造成压力，反而让他更加坦然，做学问，不过是为了给将来做圣贤铺就一条道路。

每历经一个朝代，科举制度总会经历形式上的变化，但最终目的总是一致的——为国家招贤纳士，选拔人才。而明朝的科举制度，似乎带着一些黑暗的色彩。人们要子孙研读四书五经、诸子百家，本意是为了将他们培养成为在朝中效力的官员，哪怕逊色一些，也是声名远扬的贤士，只是，现实总是无情地打碎人们原本美好的幻想，读书应试，逐渐变得功利、市侩，甚至俗不可耐。

虽然如今人们对于科举褒贬不一，但是不可否认的是，在封建社会中，科举在为社会选拔人才，选择新生力量，发掘人类财富方面起到了不可取代的作用，并且在当时可谓独一无二的。

学问与政治，永远都无法像实验室中可以相互融合在一起的两种化学元素。可明朝的统治者们，总是看不清这一真理，他们希望用学问牵引政治，这就像一场美梦，一开始总是美好的，殊不知一切美好都是假象。当梦境将过，天色渐亮，一切梦中的场景都将显露出本来的颜色，美梦终将变成噩梦，却再也没有重来一次的机会。

为书做注，在明朝曾经热极一时。写注的人多了，难免有鱼目混珠、滥竽充数之辈。明成祖朱棣为这件事情困扰了很久，最终却只想出了一个稍显决绝的办法——独尊程朱。从此以后，程朱理学成了明朝唯一的真理，朱棣用统治者的思想，钳制住了百姓的思维。但这只是一场美梦的开始，大明朝在梦游的道路上跌跌撞撞地走了几千年之后，噩梦即将来临。

虽然王阳明对程朱理学已经有了足够的批判理由，但是现实的社会，却让他不得不面对一个现实的问题——考科举。

白天，王阳明和他的同伴，实则为长辈们，一起为了准备考试而钻研学问，而到了晚上，王阳明会将祖父先辈们遗留下来的经史子集等各类书物整理归类，并且细细研读，以致经常忘了时辰，回过神来一看，已经是深更半夜。由此可见，王阳明研习的动力绝不是普通人内心的荣华富贵，而是他真正地沉醉于研读，即便是与科举无关的学问。

长辈们将这些都看在眼里，同时也被王阳明的变化惊叹得不得了。从前的王阳明总是善于说笑，对做学问向来不放在眼里，如今，除了探讨学问，王阳明几乎连一句多余的玩笑话也不说。长辈们赞叹王阳明的状态，说道："王阳明你这般努力准备考试，我们甘拜下风呀！"

长辈们发现王阳明似乎突然变了一个人，他一改往日的性格，变得沉默少言，那个在外人眼中活泼好动的少年仿佛一夜之间消失了。长辈们以为王阳明遇到了困惑，上前打趣问询，但此时的王阳明不苟言笑，面色竟然有些凝重之意，他对长辈们道："我过去放任不羁，如今知道自己错了。春秋时期卫国人蘧瑗在 49 岁的时候才知道自己的过失，而他的一生仅仅只有 50 岁。如今，我还不到 20 岁，悔过自新想必不晚吧！"

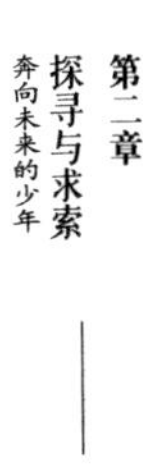

自此之后，那个不羁的少年再未曾出现过，那一年王阳明似乎真的变了。长辈们也渐渐收敛了态度，不再轻易与王阳明开玩笑。从那以后，活泼的少年王阳明不见了，取而代之的是作风严谨的王阳明，并且此生再也没有改变过。

就在这一年秋天，王阳明和四个堂叔一起参加浙江省的乡试，四个堂叔悉数落榜，而第一次参加的王阳明与后来的王孙燧、尚书胡、世宁共同中了同榜的举人，虽未有史书将其记载为“江南四大才子”，但这在当时一度被传为美谈。而多年之后，他们几人的所作所为，不得不让世人感叹：相逢，必有因。

王阳明中举，皆因自己的努力，他的状元父亲王华并没有为儿子使出半分力量。当时的王华已经是在北京朝中任职的官员，如果为了方便儿子中举，他完全可以将王阳明安排在顺天府进行考试，那里的竞争没有浙江激烈，中举的机会要更大一些。

浙江似乎是专门为了培养状元而存在的一个地方，就连乡村和小巷中都卧虎藏龙、人才辈出。让王阳明在浙江参加乡试，王华是经过深思熟虑的，首先是为了避免同僚说闲话，其次也是希望儿子在人才济济的地方出类拔萃，证实自己的实力。王阳明做到了，这只是他非凡人生的一个开始，未来的日子里，更大的辉煌也许是连王华这位当朝状元，都无法想象的。

科举制度实际是中央集权的最明显标志，是选士制度发展的必然结果。隋朝统一之后，为实现中央集权，巩固统治阶级的位置，最先加强官制和与官制密切相关的选士制度的改革。而科举选拔的

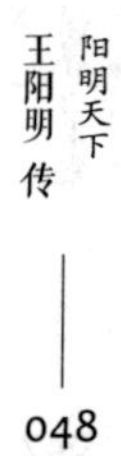

弊端，在于其涉及内容过于单一，实用性较差，导致科举所选拔的人才并没有极强的开拓性，但实际上，也就是这样的“人才”才是中央集权最需要的“人才”。

或许正是因为这一点，注定了王阳明接下来选拔的波折。

第四节 落第的天才

重复的日子，把光阴中的每一天都书写成平淡。人生，总是在让你尝尽生活的千般滋味之后，才告诉你幸福的含义。王阳明的人生，注定充满了高低起伏，经历一次失败，才能更加懂得人生的意义。

1493 年，22 岁的王阳明乡试中举之后，又去北京参加了三年一届的会试，也就是考状元。作为 21 岁就考中乡试的举人，王阳明的才华堪与明朝开国第一谋臣刘伯温相媲美，甚至比刘伯温当年中举的年龄还小了一岁。刘伯温 22 岁中举，第二年参加会试高中进士，除了努力，还需要极大的天分，这两样王阳明同样拥有，并且还非常出色。

中了举人的王阳明，对考状元这件事情有着极大的自信，与许多考生相比，王阳明还有着地理位置的优势。父亲在朝中做官，在京城自然有居所，王阳明只需在京城的家中安心备考，无须像许多考生那样千里迢迢奔波而来。父亲王华在儿子考科举的路上只提供了这些最基本的便利条件，为了避嫌，他不仅不出面帮儿子打点局面，反而带着妻子告假出游了。

会试在二月进行，冬季将过，还未春暖，一考就是九天。考生的待遇与“天子门生”这样的称号毫不相符，反而有些像囚禁在监狱中的囚犯。所有的考生被统一安排在一个个密闭的房间里，这九天中只管专心答题，到了吃饭的时间，便会有饭菜从窗口传递进来。这是对身体与精神的极大考验，有些人即使满腹才学，却过不了体力这一关，没有考完，便已昏倒在地，被人抬出考场。这多少有些鲤鱼跃龙门的架势，考中了便成为进士，从此入朝为官，一飞冲天，为了有无限的荣华富贵等着自己去收获；而如果考不中，便只能认命，继续埋头苦读三年，等待下次机会的临幸。

人活于世，都在寻找快乐，找来找去，却发现快乐总在别人那里。世间痛苦的人都是愚蠢地寻找快乐的人，因为所谓的快乐与痛苦，不过都是自己的一个选择。选择了科举考试，王阳明表现出了“虽千万人，我俱往矣”的潇洒。用“我无所惧”的态度，在会试中洋洋洒洒地表达了自己的观点。他自认为自己发挥得不错，可是当张榜之日到来，在皇榜面前，挤在一群焦急惶恐的考生中间，王阳明无论如何都找不到自己的名字。

对程朱理学的批判，让王阳明这个思路新颖，却与朝廷格格不入的青年名落孙山。在当时的考官看来，批判程朱理学就等于批判朝廷的统治，这样的人是无论如何不能委以重用的。即使到了多年之后，

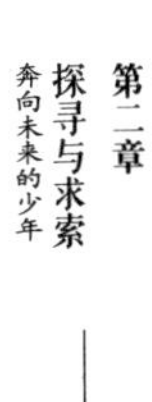

朱子学派的人还喜欢用“阳明格竹”的事件批判王阳明的浅薄，可是他们并不知道，正是因为有了这件事，才有了王阳明“心即理，心理合一”这一说法的诞生。

未来的日子将有怎样的变化，人们很少去想象，大家看到的，只是王阳明这个意气风发的举子落榜了，有人关心，有人窃喜。会试结束，王华也结束了游玩，回到了京城。王华向来有好人缘，在京城的官员中有着很好的口碑，这次王阳明落榜，许多官员也前来探望，多是安慰并鼓励，说的话大体相同，无非就是不要气馁，三年以后再接再厉。

当时的明朝宰相李东阳面见了王阳明，李东阳希望他能参加三年以后的考试，谈话间也给了王阳明极大的鼓励，他说道：“你今年意外落地，没有关系，你的文才出类拔萃，下次金榜题名，在文坛上叱咤风云，只是时间早晚的事情。不如你先试着写一篇《来科状元赋》怎么样？”

没有人会将这样一番对话当真，他们只是希望安慰一下王阳明，让他开心，借以笼络王华，稳固自己在朝中的地位。可没想到王阳明竟然真的依照题目现场做了一篇文章，在场的人读过这篇文章之后，脸上全部露出了既惊讶又赞许的神色。短短的时间内，一篇文章便洋洋洒洒，一气呵成，文中的内容却思路清晰，一点都不像临时写成，反而像是经过了深思熟虑才完成的，人们莫不惊叹，此人是个天才。王阳明这位状元之子，有着青出于蓝胜于蓝的潜力，未来的前程必定不可限量。而嫉妒他的人，则在私下里议论：“王阳明一定不会中状元，他太过于狂妄自大，目中无人。”

时光的仰首间，有多少世事，能如清水滴石般地清透？又有多少故事，能书写完美的结局？生命中总有停靠的船和搁浅的岸，也有弯弯曲曲的路和高高低低的山。生命，最美的铭记，总是来自百转千回间。

王阳明的命运就如同一条曲折的小路，无法一马平川。科举之路还要继续，王阳明又开始了挑灯夜读的生活。长期的熬夜读书，让他的视力大不如前，越是看不清，他便离书本越近，离得越近，便越加看不清。

第一次科举落榜并没有打击王阳明的士气，光阴荏苒，转眼三年时间已过，又一次的科考等待着王阳明去挑战。

生命总是喜欢与人开玩笑，这一年是王阳明的本命年，人们都相信本命年会流年不利，需要在腰间系一条红绳辟邪，王阳明偏不信邪，确实也没必要信，因为王阳明生命中的玩笑，是人为造成的。嫉妒他才学的人在背地里动了手脚，生生地把他的才学打压了下去，王阳明再一次落榜了。

同行的好友们也与王阳明的境遇相同，名落孙山。大家都为自己的落榜唉声叹气，王阳明非但不难过，反而跑去安慰别人，他说："世人都认为考试落榜是羞耻的，但是我觉得，由于考试的落榜而让自己动摇了心性和气节，丧失了勇气才是最可耻的。"

落榜的王阳明开始对自己二十年来的求学生涯进行了反省，他读书不少，却每一本都没有读精，所见所学大多也是一知半解。他渐渐悟出，做学问也像品茶，越品才越有味道。

王阳明的远见卓识和宽阔的心境让同行的考生敬佩，只是会试再

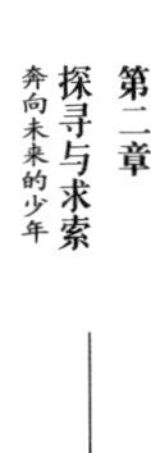

一次落榜的事实却已经无法挽回，王阳明打点行囊，回到了余姚老家，从此对科考的兴致似乎淡了，反而爱上了吟诗作对。他在龙泉山寺庙中与志同道合的好友共同组建了一个诗社，名字就借着龙泉山的地理位置，叫作“龙泉诗社”。

人生纷繁复杂，归隐山林，是高人贤者的选择。或许这正如道家所说，高人贤者归隐山林的出世，正是为了更好地入世。人生苦短，功名权贵只是过眼云烟，三十年终化尘土，每个人扮演的角色，终要灰飞烟灭。

明代的诗社曾经风靡一时，甚至在政治舞台上也占有过一席之地，可是王阳明的诗社却与政治无关，只是单纯为了结交好友，游山玩水而已。

在龙泉诗社中，王阳明与友人们极尽风雅之能事，每日吟咏山川，纵情诗词。也正是在龙泉诗社中，王阳明结识了更多的好友，魏瀚便是其中之一。早年的魏瀚曾经做过官，却不似官场中人蝇营狗苟、满腹奸计，反而是个豪放热情的人，也许正是因此，才让他厌倦了功名，甘心归隐山林。王阳明与魏瀚年龄相差很多，脾气秉性却没有差别，两个人经常相约同游，在自然之中熏陶自己的诗兴。

这时的王阳明把视线投向了广阔精深的大自然，在人迹稀少的深山中寻找生命的力量，探寻世间的未知，并写出了大量流露隐逸情怀的优美诗篇。这些诗作是王阳明在放下科举的束缚之后的真情流露，展现了王阳明深厚的文学功底。一首接一首的好诗，让魏瀚都自叹不如。

在《四绝句》，王阳明这样写道：

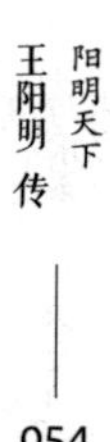

人间酷暑避不得，
清风都在深山中。
池边一坐即三日，
忽见岩头碧树红。

在《化城寺六首》之一中，王阳明用寥寥数句，描绘了秋季化城寺的场景：

化城高住万山深，
楼阁凭空上界侵。
天外清秋度明月，
人间微雨结浮阴。

另一首《游牛峰寺四首》之三，则描绘出夜卧山崖，飞鸟同宿的画面：

偶寻春寺入层峰，曾到深疑是梦中。
飞鸟天边悬栈道，冯夷宿处有幽宫。
溪头晚度千岩雨，海月凉飘万里风。
夜拥苍崖卧丹洞，山中亦自有王公。

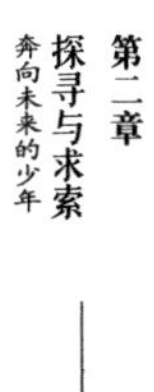

一时间的不遂人愿，让王阳明拥有了冥想沉思的时间，或许就是这或长或短的“等一等”，成就了王阳明不受侵扰的成长。

“夜拥苍崖卧丹洞，山中亦自有王公。”这首诗的结尾用这样两句看似艰辛、实则心怀宽广的诗句作为结束，不难看出王阳明的心已经变得成熟、坚毅、豁达，足以应对未来的变幻莫测！

偶尔，王阳明也会流露出归隐山林的想法：“飞腾岂必皆伊吕，归去山田亦可耕”，但壮志未酬的他，不甘心被小小的科举制度打败，“乡里正需吾辈在，湖山不负此公来”，才真正表达了王阳明远大的志向。王阳明相信自己早晚会考中进士，甚至连状元都不在话下，一首《赠陈宗鲁》，才是他心情的真实写照：

学诗需学古，脱俗去陈言。
譬若千丈木，勿未藤蔓缠。
又如昆仑派，一泄成大川。
人言古今异，此语皆虚传。
吾苟得其意，今古何异焉？
子才良可进，望汝成圣贤。
学问乃余事，聊云子所偏。

面对着苍茫夜空，王阳明又一次展开一场自己和宇宙之间的对话。为什么父亲可以高中状元，自己却连个进士都中不上，难道自己真的不是这块料？明朝的进士已经太多了，可是又有几人真正为大明朝做出过贡献？更别提像王猛、刘基和于谦那样用兵如神。

似乎有一道天光闪现，王阳明头脑中的灵光随之一现——“我要学兵法。”

人生漫漫长途，人们无法改变很多事情，那是自然的规律在苍茫着人世的轮回，虽无力逆天，王阳明却并不甘心安于天命，他想要调整自己前行的方向。

自幼热爱的兵法，再一次给了王阳明亲切感，他向来便有排兵布阵的天赋，学习兵法似乎并不费什么力气。同会试备考时一样，王阳明对兵书同样拿出了挑灯夜读的热忱，他还制作了许多道具模型，就连做梦，都是与敌军在战场上斗智斗勇。一天傍晚，王阳明刚刚结束挑灯夜读，正准备上床睡觉，忽然听到一阵敲门声。打开门时，他发现外面竟然站着一个白衣飘飘、仙风道骨的老者。老者手中握着一柄寒光闪闪的尚方宝剑，送给了王阳明。王阳明打开剑鞘，看见宝剑上赫然刻着一行字：“威宁伯王越”，正在吃惊之时，王阳明忽然惊醒，原来一切只是一场梦。

这似乎是个神迹，王阳明梦醒后，回味梦中的场景，依然历历在目，仿佛真实发生过一样。想到此处，王阳明便告诉身边的人：“威宁伯嘱咐我统帅军队报效国家，将来必定会名垂青史。我以后一定要按照他的嘱咐行事。”

威宁伯王越是皇帝的亲属，却也曾经参加过科举，中得进士。关于威宁伯王越，还有一段被传得神乎其神的佳话。据说他当年参加殿试时，一阵狂风将他的试卷吹上了天，试卷已经答得差不多，无奈之下，

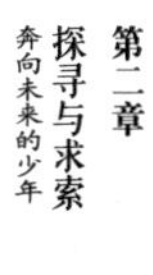

考官只好又给了他一张试卷，让他重新答题。本以为这只是殿试中的小小插曲，没想到当年秋天，朝鲜使节来京进贡，竟然带来了王越当时殿试的试卷。朝鲜使节讲述，当时朝鲜国王正在上朝，天空中缓缓飘落一个物件，仔细一看，竟然是天朝的试卷。朝鲜国王不敢怠慢，便让使节带回了中国。

从此，王越声名大振，屡次以文官的身份带兵打仗，几乎没有败过。当他用奇兵收复了河套之后，大明朝的西部才终于得到安宁。

有了威宁伯王越的“指引”，王阳明封存很久的果核再一次派上了用场，每当有宾客来访，用果核布阵便成为王阳明与宾客之间的游戏。

可惜当时的明朝已经彻底沦入了重文轻武的怪圈，在明孝宗时代，还曾经一腔热血想要扫平北方，却遭到大臣们的极力劝阻。孝宗问：“皇太宗在位时，还频频出塞，我为什么不可以？”大臣们却认为，如今的上策是守国而不是进攻，从此，明朝的皇帝便再也没有了北伐的决心。

王阳明对兵法的热爱，并非来自于当军事家的梦想，他只是热爱兵法中蕴藏的权谋和思想。他这样点评《司马法》：“用兵之道，犹必以礼法相表里，文与武相左右。”也许有人嘲笑王阳明用儒道解释兵法太过书生气，但谁又能明白，“天下”之道，远非胜负那么简单。王阳明看清了一点，兵法，就是用来以暴制暴的利器。多年以后，当王阳明利用知行合一的心学屡出奇谋时，世人才终于知道，只有在正心上用力，在立志上用功，而非贪求权术，违背圣人之道，才能将心学运用得如此自如，达到如此高的境界。

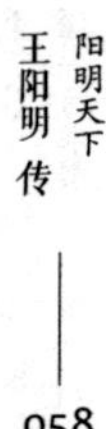

第五节 官场风烟

看庭前花开花落，望天边云卷云舒，世事沧桑而变，往事如同过眼云烟。只有时光不老，走过无数个黑夜，头顶依然是星光灿烂，海阔天空时，明天依然是朝霞满天。三年的时间转眼又已过去，王阳明除了潜心研习兵法，也没有放弃辞章诗赋，以求早日进士及第。

一次读到朱晦庵的《朱子语类》，反复玩味之后，王阳明恍然大悟，难怪自己的求圣之路如此不顺，原来万事万物都要遵循它的发展规律，之后再融会贯通，最终才能让事物的道理和人的心境合二为一，否则就会背道而驰。

弘治十二年春天，28 岁的王阳明参加了人生中的第三次会试。这时已经没有多少人看好他，原因不仅是王阳明已经一连经历了两次失败，另外一个重要的原因是，同年参加科考的，还有鼎鼎大名的江南四

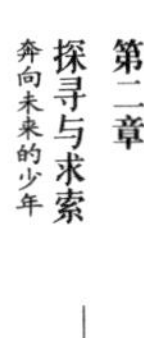

大才子之一——唐伯虎。

与接连失意的王阳明相比，上天似乎更眷顾唐伯虎这个精通诗词歌赋和画画的才子。16 岁时参加童子试，唐伯虎就以第一名的身份中了秀才，似锦的前程似乎已经在他面前铺陈开来，只等着他信步走过。可谁也没有想到，命运喜欢用不同的方式跟不同的人开玩笑，刚刚中了秀才的唐伯虎，就先后经历了父母、妻子、妹妹相继去世，巨大的变故让他的家境迅速衰败，唐伯虎的科考之路中断了，这一断就是十三年。直到 29 岁，他才在亲朋好友的资助下，参加了江苏省的乡试。才华就像金子，不管被多厚的尘土掩埋，当重见天日的时刻，谁也不能阻挡它骄傲地发光。虽然被生活掩埋了十三年，唐伯虎的才华却再一次像金子一样发光了，在这一次的乡试中，他又一次考取了第一名——解元。

但这远不是唐伯虎的目标，他的目标是连中三元。就在这一年，他与王阳明一同出现在了会试的考场上。这一年的科考题目很难，许多人只是看了一眼题目，便当场昏倒，即便没有昏倒，也是冥思苦想不出，草草糊弄几笔了事。面对如此高深的题目，王阳明对考中进士已经不抱希望，只是坚持完成了考试。而唐伯虎的表情似乎闲庭信步般轻松，很快就做完了全部题目，而此时，其他的考生依然在考场上抓耳挠腮。

从来没有人想过，自信太过，竟然也会招来祸端。会试结束，唐伯虎与友人喝酒聊天时，自信满满地说道：“今年的状元一定是我。”言者无心，听者有意，流言的速度总是比流水还快，第二天，全城的文武百官、学子百姓都知道了唐伯虎的这句话。张榜之时，状元果然是唐伯虎，榜眼是徐经。还没有来得及经历喜悦的唐伯虎，很快就与徐经一起，被锦衣卫带走了。经历了种种酷刑，两个人竟然屈打成招，承认早已知晓考题，是徐经从考官那里买来的。从此，本应该前程一片光明的唐伯虎，被贬为小吏，并且终生不得为官。

这一次上天眷顾了已近而立之年的王阳明，在这一年的会试中，他终于金榜题名，位列第二等第二名。在殿试中，又成为“二甲进士出身第七名”，这相当于全国第十名。从此，王阳明成了观政工部中的一员，属于王阳明的时代，就要来临了。

此时的王阳明，还只是一个小官。明代的官阶制度非常严明，除了皇帝以外，最大的官职便是内阁成员，这是太祖皇帝朱元璋亲自设立的官职，虽然官阶只有五品，但是内阁成员可以接触到国家最机密的文件。随着皇帝一代一代更替，内阁逐渐成了大明朝的最高权力机关，入阁拜相成为明朝每一个官员的梦想。

再往下便是六部，按照职位的高低，分别是吏部、户部、礼部、兵部、刑部、工部。在六部中，王阳明所在的工部职务最低。

除此之外，还有直接向皇帝汇报的都察院，以及直接向皇帝汇报的吏、户、礼、兵、刑、工六科，虽然职务不高，但是权力却很大，哪怕是皇帝的旨意，如果六科不认可，也可以驳回，不予执行。

翰林院则是朝廷专门招纳学士的机构，在会试中考取状元、榜眼和探花的人，都会进入翰林院任职，职务分别为修撰和修编。此外还有大理寺、太常寺、光禄寺、太仆寺、鸿胪寺等机构，各司其职，有条不紊。

王阳明所在的工部，虽然排在六部的最后，但是却是一份肥缺。无论是皇家建造宫殿，还是各地种植园林，都由工部直接负责，也正是如此，许多梦想发财的人，将工部视作一份美差。但王阳明却志不在此，他只希望这里是他的一处历练之地，他要在这里起步，实现从平庸到传奇的蜕变。

成了官场中人的王阳明，受命去浚县就职，任务是去监督修建威宁伯王越的陵墓。想起自己从前曾经在梦中与威宁伯王越有过一面之缘，并得到他赠送的尚方宝剑，王阳明不禁感慨，似乎一切在冥冥之中早已注定。

王阳明放弃了车轿，一路上都骑马前行。山路难走，越走越是险峻，走到一处狭窄的山路，马匹突然受到惊吓，前蹄扬起，把马背上的王阳明掀翻在地，一口鲜血从王阳明的口中喷出。随从吓坏了，恳请他不要骑马，坐上轿辇，可王阳明却翻身上马，执意骑马赶路，还对周围的人称，自己这是在练习骑马的技术。连随从也不得不佩服他这种大丈夫的风范。

一路颠簸，到达任地后，王阳明终于有机会见到了威宁伯王越的后人，他并没有马上修建工事，而是向他们请教威宁伯生前用兵打仗的秘法，得到真传之后，王阳明按照威宁伯曾经用过的兵法“八阵图”，分配造坟的兵士和建筑工人。当时的许多工事为了追求进度，往往将兵士和工人累到半死，王阳明却制定了轮番休息和工作的制度，竟然取得了事半功倍的效果。

通过这项工事，王阳明也明白了一个道理，权力越大，可以指挥的人就越多；而指挥的人越多，便越能成就大事业。

造坟的工程完毕之后，威宁伯王越的后人对王阳明感激不尽，他们送上厚礼表示感谢，却被王阳明一一谢绝。最后，家人拿出一柄宝剑，说这是威宁伯生前所佩戴的宝剑，既然王阳明不肯接受金银财物，就将这柄宝剑赠予他，以表谢意。

这一场景让王阳明感到万分惊讶，现实与梦境竟然发生了重叠，简直如出一辙，他欣然接受了这柄宝剑，以武报国的念头也因此变得更加强烈。

命运的航程中，每个人都是独行者，有人一帆风顺，便会有人处处坎坷。一帆风顺者，难有心旌猎猎的动魄之喜，而坎坷多舛者，如攀山行栈，一息尚存，壮心未已，一路奇险风景，自有难得的体验。这是磨砺，也是财富，王阳明在成圣的道路上，已经咀嚼了人生，踏碎了寂寞。

监督修建坟茔的工程结束之后，王阳明向朝廷复命。朝廷论功行赏，29 岁的他转为了实职，担任刑部云南司主事，官居六品。虽然官不大，却很有实权。虽说担任云南司主事，但是王阳明依然必须身处京城，决断于千里之外。这是一项非常考验脑力和耐心的工作，一个处理不好，便会得罪许多人。

就在此时，观测星宿的官员向朝廷上报，一颗星星发生异变，立刻引起了朝廷的重视。观测星宿的官员认为这是凶兆，因为位于边陲的突厥族正在蠢蠢欲动，屡屡侵边境人民的财物和生命。气愤至极的王阳明立刻起草一封《陈言边事疏》，全文言辞激烈：“臣以为今之大患，在于一些大臣外托慎重老成之名，而内为固禄希宠之计。这些人抑制大公刚正之气，专养怯懦因循之风。于是，忧世者，谓之迂狂；进言者，目以浮躁。长此以往，衰耗颓靡，朝纲不振，有识之士，无不痛心疾首。而近日的边陲之患正是上天在警醒陛下，革故鼎新，改弦易辙的时机到了啊！”

除此之外，王阳明还对处理对边关事物提出了八条建议：

一曰蓄材以备急，二曰舍短以用长，三曰简师以省费，四曰屯田以足食，五曰行法以振威，六曰敷恩以激怒，七曰捐小以全大，八曰严守以乘弊。

这八条建议，涉及政治、军事、经济等各方面，每个方面都有着深入的考量。也许是当朝皇帝朱佑樘的幼年遭遇影响了他一生的性格，他怀揣着“弘治中兴”的愿望，想要做一个优秀的皇帝，可是，他所谓的优秀，只体现在了维护与文官集团和谐融洽的关系上。这并不能凸显出他是一个多么有才干的皇帝，反而只能凸显出他的平庸。对于官员们的奏章，朱佑樘批复最多的一句话便是“上嘉纳之”，一句话表明，他没有什么其他的想法，也更加证实，他是一个没有什么真才实学的老好人皇帝。

当时的内阁大学士兼礼部尚书李东阳曾经在弘治十七年时，奉命去山东曲阜祭孔。一路所见所闻，让李东阳感慨颇深。回到朝廷，他便用肺腑之言写了一封奏疏呈给皇帝，奏疏中这样写道：臣奉圣上之命，匆匆前往山东。正赶上大旱，天津一路，夏麦已经枯死，秋禾也没有种上，挽舟拉纤的人连一件完整的衣服都没有，荷锄的农民面有菜色。四处盗贼猖獗，青州一带的治安问题尤其严重。江南、浙东一带遍地流民，纳税的人越来越少，军队的兵士数量锐减，仓库里的粮食储备还不够十天食用。北方的情况更差，那里的人向来没有积蓄，如果今年秋天再次未收，百姓怎么能够承受得住？臣担心会有难以预测的事变发生。

这封直言不讳的奏折，将当时的天灾人祸悉数呈现于纸上，严峻的现实亟待解决，李东阳只能向皇帝上疏，却提不出任何建设性的意见，只是反复提醒皇帝要“节用广储”。可惜明朝的制度非一朝一夕建立而成，轻易不得变动。但越是不变，越是不能适应历史巨轮的不断前行。当时的明朝，贪官酷吏，肆虐为奸；民力困穷，怨咨交作。皇帝朱佑樘下不了改革的决心，自然也改变不了李东阳笔下的现状。

在日月如梭的光阴里，虚名为浮云。怎可为私利辱没尊严，从此钩心斗角，泯灭良知？那些如蚍蜉般微不足道的人，只能看着世事繁华，发出一声声长长的叹息，可身处纷乱的世界，怎能甘心隐没于人世？

王阳明还没有来得及品尝出金榜题名的甘甜滋味，便已经开始为国事忧心，除了巩固边疆的八条建议，他还将一腔忧国心化成了诗句，借以明志。他在《登泰山王首王》中写道：

我才不救时，
匡扶志空大。
置我有无间，
缓急非所赖。

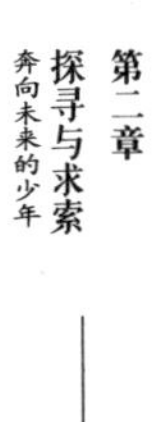

王阳明的八条建议呈上之后，却没有收到任何回复，王阳明不甘心就这样平庸下去，可面对朝廷的冷静，自己却又无能为力，此情此景，他只能抱怨：就做官这项高风险的职业而言，皓首而无成者占绝大多数。幸而有成，能得其当盛之年者几人？这几人中，想做点事却又半途而废、垂成而毁者，又往往有之。可不谓之难乎？

抱怨之后，便是冷静，王阳明开始考虑事情的两面性，也是借此调整自己的心态。他又说道："天下之事， 其得之不难，则其失之必易；其积之不久，则其发之必不宏。"

空有一番报国志，却不受重用，王阳明的辛苦谏言，换来的却只有失望。努力九年才换来今天的成果，王阳明不甘心虚度，他急于用成绩来证明自己，却并没有考虑到官场险恶，动不动便会惹出许多是非。无数双眼睛和耳朵关注着这位状元之子、当朝进士的动向，稍有不慎，便会与人发生冲突，惹人非议。

王阳明再一次怀念起了当年成立诗社、游山玩水的美好日子。山中的美景，多少次让自己流连忘返，一句句的唯美的诗词，在美景面前不自觉就会在唇齿之间流淌，那里的安静舒适，丝毫不像官场中的明争暗斗，冷言冷语无处不在，冲突与纷扰时刻潜伏在平静背后。王阳明不禁感叹："终年走风尘，何似山中住"。他开始想念在山中自由自在的日子，大自然的巧夺天工和磅礴的气势，时刻吸引着王阳明远离尘嚣，从此过上隐居的日子。可是他并没有这样做，报国立功的志向占了上风，良辰美景只能放松自我，唯有纵横官场才能解救天下苍生。

第三章 波折与求索

颠簸于命运的旅途

第一节 求仙问道九华山

王阳明呈给皇帝的《陈言边事书》，如同石沉大海般杳无音信。他的官位太小了，人微言轻的道理从那时起便得到了很好的印证。皇宫里每日上朝的大殿，根本没有王阳明的容身之处，每天他只需按时到处理公务的地点报到，然后就可以开始无所事事的一天。许多人在做官之前也都抱有满腔大志，但经历如此日复一日的消耗青春后，大部分人的志向也随着青春消磨殆尽。

王阳明无法容忍这样的单调，成为圣人是他12岁时就孜孜以求的梦想，可是眼下这种靠喝茶和聊天度日的生活，只能让他距离成圣的道路越来越远。他需要一些挑战，一些通过自己的努力完成的任务，拿出一些成绩给大家看看。

也许是上天感受到了王阳明的召唤，一个机会摆

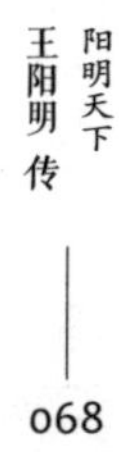

在了他的面前——去南直隶淮安府录囚。不过，在别人眼中，这并不是什么机会，只是一份苦差，王阳明却没有任何犹豫地接受了这个任务。

由于位处淮河与大运河的交汇处，淮安在明朝时期有着重要的战略意义。这是王阳明第一次去淮安，既是去完成朝廷的任务，也是为了让自己开阔眼界。确实，运河码头的搬运工人，确实让王阳明好好地开了一回“眼界”。他们一刻不停地干着繁重的体力活，却衣不蔽体、食不果腹，王阳明真正见识到了什么叫作劳累，微薄的报酬仿佛时刻在嘲笑着这些搬运工人劳动力的廉价。王阳明出身书香世家，父亲又是当朝的状元，他从小就不曾为生活发过愁，除了读书考科举，他似乎什么事情都没有做过，虽说不是大富大贵，但也是衣食无忧。王阳明暗暗陷入了思考，同样的人，却有着截然不同的人生，人生将尽，却再也没有重来一次的机会，这又给了王阳明一次的激励，绝不能像现在这样碌碌无为下去，否则只会徒留遗憾。

王阳明带着一腔热忱投入了录囚的工作，可是他发现，这些囚犯的案件中，冤假错案数不胜数，他对当地官员的工作产生了质疑。虽说王阳明是京城派来的官员，却并非朝中要员。当地的官员明面上热情招待，对王阳明提出的质疑和意见却毫不理会。一怒之下，他与当地的官员发生了争执，这一次的公差，让王阳明充满了感慨与苦闷。

穿行于山水之间，有时仅仅是为了寻找一种贴近心灵的东西，它们如诗如画地存在于山水之途，似一切如歌如诉的往昔，在山水间缥缈游移。那是一种忧郁的感动，其实更接近于生命的本质。

办公之余，王阳明登上了九华山。都说有山的地方就会有寺庙，

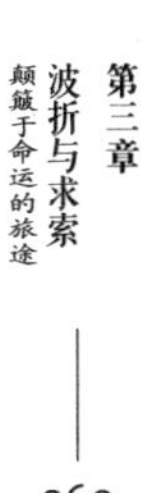

九华山便是这样一个佛教圣地。王阳明的文采在山水之间再也按捺不住，他遍访九华山的寺院，著名的《九华山赋》就是在这里写就。

自小身体柔弱的王阳明，自从“格竹事件”之后，变得更加虚弱，尤其是肺部的疾病，困扰了他很久。他渴望通过求仙问道以求身体强健。此去九华山，王阳明特意去拜访了化城寺的实庵和尚，两人一见如故，仪表堂堂的实庵和尚，不仅学识渊博，还善于作画。一时兴起的王阳明，在实庵和尚的画像上提下了一段俏皮生动的文字：“从来不见光闪闪气象，也不知圆陀陀模样，翠竹黄花，说什么蓬莱方丈，看那九华山地藏王好儿孙，又生个实庵和尚。噫！哪些妙处？丹青莫状。”

又听说有一位叫作蔡蓬头的神奇道长在这里清修，王阳明特意前去拜访。道家清修之地，总是选在僻静难找之处，为的就是不会轻易被人打扰。王阳明找了许久，才找到道长蔡蓬头的居所。清修之人的条件大多清贫艰苦，可这位道长的居所，简直可以用简陋来形容。既阴暗又潮湿的环境里，蔡道长正在闭目打坐，看到王阳明前来拜访，也并不理睬。王阳明毕恭毕敬地等待着道长打坐结束，道长却只想尽快把这位不速之客打发走，干脆不理他，到后面去烤火。没想到王阳明不仅不离开，反而紧跟在身后恳请道长赐教。道长想彻底冷落他，他却坚持不肯离开，如果道长不肯赐教，那王阳明就要留在这里过夜。道长无奈，只得问他：“你是个一心想做官的人，怎么可能真正关心如何修身呢？”一句话说得王阳明猛然惊醒，自己还没有摆脱世间功名的牵绊，何谈修身？虽然修道的念头淡了，但只要听说有哪些得道高僧在此地居住，王阳明还是忍不住前去探访，哪怕仅仅是坐而论道，也总能受益良多。

王阳明不知从哪里打听到，一位比蔡道长还要特别的老和尚，居住在地藏洞内。他几乎完全过着原始的生活，衣服是用树皮制成，从来不用火，食物也完全生吃。他居住的山洞位于悬崖峭壁之上，王阳明却执意要去拜访。老和尚当时正在睡觉，其实和尚只是假寐，想试探王阳明的诚意。王阳明懂得老和尚的意思，便在一旁静静地等。等到老和尚张开眼睛，一直守候在旁的王阳明赶紧抱拳行礼。老和尚觉得此人不凡，问道："我住的地方如此危险，你是怎么上来的？"王阳明恭敬地回答："想要向前辈请教，再危险的地方也要来。"

老和尚欣赏眼前这个有着一把长胡子的年轻人，两人席地而坐，纵论佛之道义。谈到儒家之道，老和尚说自己欣赏周敦颐和程颢，对朱熹却并不认可，这一观点与王阳明不谋而合，两人越谈越投机，无奈天色将晚，归期将至，王阳明只得遗憾告别。待到第二天，当王阳明兴致勃勃地再来拜访时，发现老和尚竟然搬走了。失望的王阳明只得在山洞的石壁上留下"高谈已散何人处，古洞荒凉散冷烟"的诗句，借以表达自己的遗憾之情。

这一次的谈话，也让王阳明受用终生。多年以后，当王阳明在战场上挥斥方遒时，当年这一场悬崖峭壁之间的谈话，在王阳明的背后给予了他强大的能量。佛家与道家两家教义的精华，被王阳明吸收，成了自己的思想体系。

无论是大而阔的高山，还是秀而美的溪谷，总是如书法般在人的

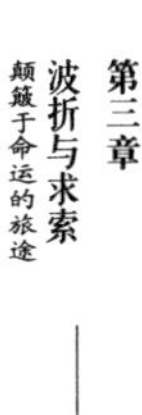

眼前简洁辽阔地流淌，尽情挥洒着自己的豁达。而只有置身其中，才能获得不断的醒悟。

王阳明带着收获和遗憾，结束了九华山之旅，踏上了回京的归途。正巧与王阳明同龄的李梦阳、王廷相等人，正在发起文学改良运动。

李梦阳凭着一腔愤怒的热情，经常对世事大加批判。他曾经将皇后之父张鹤龄的种种罪状写成奏折，上书给皇帝，结果被打入监牢，险些送命。出狱之后，在街上遇见张鹤龄，愤怒的李梦阳追上去痛骂，还用马鞭打掉了张鹤龄的两颗牙齿。也许是自幼被称为“神童”的经历给了李梦阳愤怒的资本。4 岁时，父亲带他进宫考神童，小小的人儿身高还不足以迈过高高的门槛，考官笑道：“神童足短。”李梦阳竟马上对答：“天子门高。”考试时，李梦阳席地而坐，父亲站立一旁，考官道：“子坐父立，礼乎？”李梦阳对道：“嫂溺叔援，权也。”小小年纪便能反应如此机敏，惹得当时的皇帝朱祁钰将他抱在膝上，喜爱不已，说道：“是儿他日做宰相。”

李梦阳考中进士以后便入朝为官，他总是用文字来针砭时弊，用词激愤。他曾经写道：“若言世事无颠倒，窃钩者诛窃国侯。”字里行间透露出一腔愤怒，无处发泄。

与李梦阳一同发起文字改良运动的，还有何景明，这是一位更加狂傲之人。在京城做官时，一次赴宴，何景明竟然让仆人带去了一只便桶，整个宴会席间，他就坐在便桶上读书，不理旁人，以示对当时人们的不满。

先朝的旧臣和当朝的新进产生了一场激烈的争斗，对于现实的不

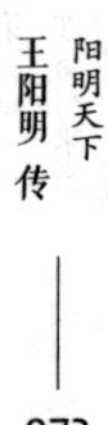

满，让这些新进的官员大力提倡复古，他们认为只有复古才能提升士气，革新朝政。他们极力邀请王阳明加入，可王阳明早已看出，此举是在用有限的精神，做无益的事情。想要改造现实，只有从改造思想入手，所谓复古，不过是流于形式罢了。借着肺病复发的机会，王阳明告假养病去了。

第二节 阳明洞里修仙道

生命就像开放在大地上的花朵，山水的怀抱便如同母亲。生命来自尘土，归于尘土，只是在消逝时，也会留下思想的芳香。每个人都是山中的一枚石、一棵草，山水之间，养育着一切存在与消失。

王阳明将养病之地选在了会稽山，虽然还不到30岁，但他感觉自己的身体就像垂暮老者般摇摇欲坠。王阳明希望在秀丽的山水和成荫的绿树间，让身心得到彻底的放松。回想成亲当日，在南昌铁柱宫遇到的无为道长，鹤发童颜、容光焕发，让人好生羡慕，而自己的身体竟然连这样一位老者都不如，想到此处，王阳明动了修道的念头。

想要修道，需要寻得一处清修之地。王阳明每日在会稽山中四处寻找，竟然真的找到了一处曲径通幽的洞穴。自古以来，山的南面和水的背面称为阳面，这处洞穴就在会稽山的南面，叫作阳明洞，这里独特的景致最适合潜心清修，王阳明便在洞里住了下来，修炼道术，还为自己取了一个别号——阳明子。

关于阳明洞的传说众说纷纭，人们都说阳明洞是神仙们聚会的场所。谁也不知道，王阳明是真的已经得道成仙，还是为了隐居编了一些免受打扰的故事。但不管怎么说在一块属于自己的静谧场所中，归隐山林，与世隔绝，的确是一件十分惬意的事情。会稽山中，也留下了许多王阳明的诗作：“池边一坐即三日，忽见岩头碧树红”“江鸥意到忽飞去，野老情深只自留。”如果就这样超然人世，也能优哉游哉。

相传，王阳明在修炼了一段时间之后，似乎真的拥有了一些超自然的力量。一次，王阳明正在洞中打坐，忽然将自己的仆人叫过来，说有四位客人到访，要仆人到五云门外去接一下。仆人正在纳闷，主人坐在洞中，如何知道三里之外发生的事情。正在犹豫间，又听王阳明说道：“四位客人中，有一位五十来岁的老者，有些驼背，拄着一把羊头拐杖；还有一位四十多岁的中年男子，手中有一把折扇，上面是唐伯虎所画的梅花；另外一位，是一名道士，背着一个布袋子，留着长长的胡须，身高有七尺开外；最后一位是个二十多岁的年轻人，头上戴着方巾，容貌十分清秀，手中捧着一坛黄酒。”

见主人说得有模有样，仆人不敢怠慢，一口气赶到三里之外的五云门外迎接。一路小跑加上头顶太阳的炙烤，让仆人汗流浃背，正在抱怨主人突发奇想，他的眼前赫然出现了四个身影。一开始还有些看不清楚，等到四人越走越近，仆人发现，竟然与主人描述的一模一样。

仆人顾不得吃惊，赶忙上前施礼迎接，把四位客人迎进了阳明洞中。

听仆人说起此事的来龙去脉，四位客人也惊讶不小。进入洞内，他们顾不得过多寒暄，便问王阳明是如何知道得如此详细。王阳明微笑作答，说自己不过是心情清净，自然看得明白而已。

四位客人把这件事情当作奇谈，讲给了身边的人。一传十，十传百，很快，在绍兴城内，人人知道了王阳明的大名。越来越多的人来到阳明洞拜访，只求王阳明为自己占卜前程。本想安静清修的王阳明不堪其扰，想要继续留在这里，恐怕只会不得安宁。

世人都说神仙好，哪管人再愚贤，哪管天再昏暗，人生不过庄周一梦，世间种种，不过是过眼云烟。王阳明对佛道思想一度非常沉迷，甚至动起了出家的念头。对仕途和前途的失望，疾病对身体的困扰，都让王阳明想舍弃世间无数，用修炼和打坐度过余生。

日复一日的清修，让王阳明的心确实静了下来，有了更多时间去感悟，感悟自己童年的志向，感悟成圣道路的艰辛，逐渐地，他感悟出人生的不易。人活于世，真的能够抛下一切，修道成仙吗？最亲的人时刻挂念着自己，祖母已经八十多岁高龄；一向意气风发的父亲，也已经显露出衰老的迹象；结发之妻与自己共同生活了十年，早已成了自己生命中的另一半。古人修道只为长生不老，可真正长生不老的又何曾有过一人？即便真能如愿，舍弃了一切世间情分的长生不老，又有何意义？

王阳明自幼深受孔孟之道的教导，他知道，亲情、孝道才是真正不可违抗的天伦。世间一切皆可舍弃，但是亲人，永远是人一生的牵挂。王阳明顿悟了，清修了一些日子，他的身体已经好转，阳明洞已不便久留，他需要回归现实世界了。王阳明在洞外建了一间茅屋，每天在里面读书、思考，累了便走入山中，尽情沐浴自然美景。夜深人静，看风抚杨柳垂弦，月隐云深，昏暗的烛火在微风中跳动，素简上临摹出人间淡淡的伤感，思绪在文字中飘移，以为红尘就此无念。没有刻意的孤独，追求的本身一抹纯粹的心境。

人生就是一站一站的旅程，过了一站，便要转入下一个轨道，体验接下来的生活。在阳明洞外的茅屋居住了一段时间之后，王阳明彻底告别了山中仙境，回到了凡尘俗世。上有天堂，下有苏杭，也许是对如仙境般的景色有着诸多留恋，王阳明把住所选在了杭州的西湖边。每日面对湖水波光粼粼，便会忘却世间一切烦恼。管他尔虞我诈、钩心斗角，我心自安然。唯美的诗词仿佛就在水面随波荡漾，信手拈来。在杭州，王阳明写下了《西湖醉中漫书》二首，被后世传为经典：

十年尘海劳魂梦，此日重来眼倍清。
好景恨无苏老笔，乞归徒有贺公情。
白凫飞处青林晚，翠壁明边返照晴。
烂醉湖云宿湖寺，不知山月堕江城。
掩映红妆莫谩猜，隔林知是藕花开。
共君醉卧不须倒，自有香风拂面来。

虽然已远离高山，但对得道高僧，王阳明始终抱有几分崇敬之意。

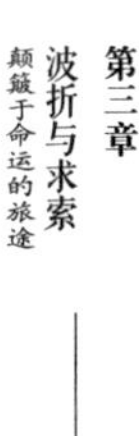

在虎跑寺中，有一位著名的高僧，相传已经闭关三年，一句话不曾讲过，对任何事物都不关注。别人认为这位高僧已经得道，可是王阳明却不这样认为，他想见一见这位高僧。进入寺院后，僧人们都劝他回去，称高僧已经很久不见客了。无奈，王阳明只好亮出自己六品官员的身份，这才得以见到这位传说中的高僧。

只见这位传说中的高僧如同雕像般一动不动地在蒲团上打坐，王阳明却径直上前，问道："你这个和尚，每天都在口吧吧说些什么，眼睁睁看些什么？"没想到，从来不睁开眼睛的和尚竟然猛然睁开了眼睛，恶狠狠地瞪着王阳明。

王阳明继续问道："你是哪里人？离家几年了？"更让人意想不到的是，和尚竟然开口了，答道："我是河南人，离家十多年了。"王阳明继续问："你家里还有什么人吗？"和尚的情绪低落了，答道："只有一位老母亲，却不知道是否还在人世。"王阳明问："你想念她吗？"和尚答："怎能不想？"王阳明一句话便点醒梦中人："你既然不能不想念，虽然终日不言，心中却在默念着；虽然终日不看，心中却能看得到。"僧人双手合十，请王阳明给自己一个明示，王阳明继续说道："想念父母，是人的天性。怎么可能断灭。你既然说自己不能不想念，就是真性发现。你既然心里想着母亲，却整日呆坐，只给自己增加烦恼。常言道，爹娘就是灵山佛，不敬爹娘敬何人？"

一段话说得和尚涕泪纵横，当天便连夜赶回家探望母亲去了。人世间的真情，哪是闭关就能避掉的？此事之后，王阳明想要做圣贤之人的念头更加坚定。朱熹曾经说过："居敬持志，为读书之本；循序至精，为读书之法。”王阳明更加看清，躲避无法改变现世状况，飘逸于尘世之外，无法实现一番丰功伟业。只有重新回归官场，才能实现自己的大志。

好在，即便是在山中清修，王阳明也从没有舍弃过学业，对佛学与道教的潜心研究，结合儒学的精髓，逐渐衍生出王阳明独有的思想。随着年龄和阅历的增长，他逐渐对佛家和道家倡导的一些玄妙之处有了疑惑，成为圣贤是他的梦想，此时，他却看出，人不能为了成为圣贤而成为圣贤，圣贤是有使命的，天下苍生都要享受到圣贤的祈望。老子倡导“无为而不为”，可并非是什么都不做，心态自然，主动放弃改变不了的东西，这才是心学中权变的智慧的来源。王阳明的成圣之路又为他打开了一扇小门，他今后的人生道路更加清晰了。

第三节 回归儒学的大船

经历了世间的至苦，方能看破凡尘，才能以一颗淡然的心去理解过往的悲喜，以一颗豁达的心去面对人生。心如宁静的湖水，风过的涟漪，最终都会恢复平静。了然尘世的繁华，欣然接受缘来缘去，不因昨日的悲伤而忧愁，不因明日的未知而失意。

告别了山水洞天，王阳明重新回到凡尘。弘治十七年，在山东监察御史陆偁的举荐下，王阳明担任了山东乡试的主考官。每三年一度的乡试，总是会引起各地官员的极大重视，成千上万的读书人，只有通过乡试成为举人，才有第二年参加会试考状元的资格。

山东是孔子和孟子二位圣贤的故乡，自然是精英荟萃，人才辈出。在南方，王阳明的故乡江浙一带，是专出才子的地方，而在北方，山东则当仁不让地成为了文化的故乡。父亲王华从未在儿子的仕途之路上伸出过援手，可是他当时已经官居礼部侍郎，举荐王阳明担任山东乡试的主考官，也许更是一个讨好王华的举动。

不过，以王阳明多年来的名气和修为，也完全能够胜任这个职务。就在王阳明考中进士的前一年，父亲王华主持北京的乡试，私下里曾经让王阳明参与了试卷的评判，王阳明对试卷的判断非常准确，让一向对他严格要求的父亲也非常满意。

没有人想到，王阳明第一次担任乡试主考官，便给考生们出了个极大的难题——《所谓大臣者，以道事君不可则止》。考生们翻开试卷，真是有人欢喜有人忧，有人看到题目兴奋得不行，有人简直不敢相信自己的眼睛，甚至有人直接搁笔，当场交卷了。

这次乡试的题目是孔圣人的原话，大意是：做臣子的，应该为道义为君主服务，如果君主不讲道义，就不要愚忠，可以不干了。同样的话，出自孔圣人口中，便是至理名言，可出自君为臣纲的大明朝，简直就是犯上作乱、大逆不道之语。

大明朝从开国皇帝朱元璋开始，就将君主的权威视作头等大事。当看到孟子写的“民为贵，社稷次之，君为轻”“君之视臣如土芥，则臣视君如寇仇”之类的言语时，瞬间大动肝火，甚至说出“如果孟子活在当下，我必当严惩”这样的话，还曾经一度将孟子逐出了太庙。可怜如今这些参加乡试的考生都活在当下，还要顶着大逆不道的罪名回答这样一份考卷，如若不答，可惜了自己三年寒窗苦读不说，下一次还不一定要等到何年何月；如果回答，则是冒着被杀头的风险。好在，“弘治中兴”的宽容环境，给了王阳明一个展示才华与个性的环境。

开明的孝宗皇帝，容许了这样的考题出现在自己当政的年代，王阳明的举荐人陆偁也不便多说什么，反而对王阳明的工作表示欣赏。父亲王华虽然生气，可是面对已过而立之年的儿子，又无法多加干预。

其实，王阳明当时出的考题不止这一个，《明朝礼乐之制》《老佛害道，源自圣学不明》《纲纪不振，源于名器泛滥》《用人太急，求效甚过》《土地分封》《以清兵戎》《抵御外夷》《平息公诉》等考题也曾在备选之列，从治理国家，到军事政治，针对的都是当时大明朝的实际问题。王阳明向来倡导学以致用，从这些考题中，也能看出他的经世之才。

连续九天的乡试结束，王阳明即将返京，回到兵部担任主事。临行之前，王阳明游历了孔庙和泰山，留下了著名的《登泰山五首》，其中第五首这样写道：

我才不救时，匡扶志空大。
置我有无间，缓急非所赖。
孤坐万峰巅，嗒然遗下块。
已矣复何求？至精谅斯在。
淡然非虚杳，洒脱无芥蒂。
世人闻予言，不笑即吁怪。
吾亦不强语，惟复笑相待。
鲁叟不可作，此意聊自快。

在官场打拼多年，虽不愿被官场中污浊的浑水玷污，但王阳明也深

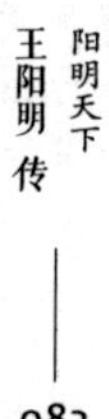

谙为官之道，官场自有其游戏规则，想生存，便先要遵守规则。他回到了京城兵部武选清吏司任职，管理武将的选拔与升迁，虽然这正应了王阳明对兵法的爱好，但依然只是个闲职，在朝中既没有说话的分量，也没有组建自己势力的机会。苦闷的王阳明回归了对儒学的研究，并且开门收徒。也许连他自己都没有想到，此举竟然成就了他一生的辉煌。

生命是一段漫长的旅程，当岁月的长河把人带往一个又一个驿站时，回眸的刹那，也许会发现，人生的成败，有时就在一念之间。世界之大，人不过是其中的一粒尘埃，坐看云聚云散，静静地享受平淡，在岁月的长河中恣意畅游，就会领略到人生的真谛。

弘治年间的大明朝，学者民间办学已经成了一道独特的风景，像吴与弼、陈献章、章懋等人都在各自所在的地方成立学堂，不仅学生众多，而且轰动一时。但是在京城办学的，还只是极少数。条件好一些的人家，都将孩子送去国子监或者县学这样的地方，如果选择私人办学，一定要有非常高的知名度才行。

与“前七子”之首李梦阳相比，王阳明的知名度自然是不够的。无论是年龄还是阅历，他都没有足够的吸引力吸引到足够多的学生。当他办学的消息传开，一时之间，王阳明又成了众人关注的焦点，有人非议，有人嘲笑，有人反感，也有少数人敬佩……不过，来报名的学生，依然只是寥寥数人。但王阳明从来就是一个执着的人，一旦决定一件事情，他绝不会轻易放弃，而父亲的支持也是对他最好的鼓励，不管学生多少，学堂是一定要开办下去的。

天涯海角，人海翻腾，相逢莫过于相识，相识莫过于相知，相知莫过于知面，知面莫过于知己。许多人穷尽一生，朋友既广且远，唯

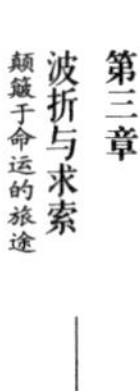

有知己，既少而近。

王阳明是个交友甚广的人。他热爱游山玩水，走遍大好河山，在游山玩水中也结交了不少至交好友。他交朋友从不看身份贫富，只看是否交心。哪怕是村野农夫，也有可能与王阳明知交一生。知己也分多种，有的是能够相处融洽，谈得来；有的则是真正的心意相通。

在当时的大明朝，为官之人大多表面仁义道德，实际却是真正的人渣败类。他们大多身居高位，却时刻都在祸国殃民。王阳明不可能与这样的人成为好友。在他的知己中，湛若水便是能与他心意相通的一个。湛若水是陈白沙的学生，而陈白沙，更是一位传奇人物。他曾经跟随学者吴与弼学习，之后又在家中闭门读书；他曾经自己动手修建了一座春阳台，每天在里面思考问题，足不出户，一待就是许多年。在求学的最初，陈白沙也曾遵从程朱理学，每日格一物，结果一无所获，便逐渐转换了学习的方向，开始研习陆九渊倡导的“宇宙即我心，我心即宇宙”的理论，最后得出了“道也者，自我得之”的感悟。

研究得久了，陈白沙在心学领域渐渐有了自己的造诣，甚至提出了“天地我立，万化我出”的心本论，以及“静中养出端倪”的功夫论。陈白沙对学问立场的转变，让人看到了一场信仰的崩塌，他欣赏陶渊明，向往他自由自在如同世外桃源般的生活，也喜欢用田园诗词表达自己对官场的反感，他的学生，也深受他思想的影响。

湛若水便是这样的一个学生，他尽得陈白沙的真传，还延伸出了自己的思想造诣。在他 32 岁时，便提出了著名的“随处体认天理”学说。他做学问从不是为了在科举中高中，只是因为母命难违，才进入国子监学习。

弘治十七年，湛若水参加会试，在试卷中，他将陈白沙的思想展现得淋漓尽致，以至于当年的主考官见到试卷之后，直说这一定是陈白沙的学生，揭开姓名处的封签一看，果不其然。在这次会试中，湛若水高中进士，以庶吉士的身份成为翰林院的一名官员，也正是因此，王阳明与湛若水才有了相识的机会。

情人之间存在一见钟情，知己之间则存在一见如故。第一次见面，两人便被彼此的才华所吸引，王阳明评价湛若水："守仁立世三十年，未见此人。"而湛若水则评价王阳明："若水观于四方，未见此人。"

志同道合的两个人，都认为朱子理学倡导的八股文，是明朝学术道路上的一道障碍，本就浅显的道理，偏要去分析得晦涩难懂，分析得越详细，学问就越零散，于是，他们想要重新开创一门全新的学问，一门属于自己的学问。孔子讲究"以文会友"，王阳明与湛若水既已明确了共同的目标，自然常来常往，白天共同教学，夜晚秉烛夜谈，探讨孔孟之道，研习佛家和道家的精益，沉醉于共同热爱的精神盛宴。就这样，一门伟大的学问在缓缓酝酿当中。王阳明曾经赋诗《赠阳伯》：

阳伯即伯阳，伯阳安何在？
大道即人心，万古未尝改。
长生在求仁，金丹非外待。
缪矣三十年，于今吾终悔！

本以为两人会共同成就一番事业，可一场突如其来的变故打乱了这一切。虽然留下了遗憾，但两人莫逆之交的关系却从未改变。多年以后，当王阳明告别人世，湛若水还曾亲笔为这位心意相通的知己题下墓志铭。

第四节 帝王心机

老子曾说："知人者智，自知者明。"可是，真正能够做到自知者又有几人？汉高祖刘邦曾经将一句话说得意味深长："夫运筹帷幄帐之中，决胜于千里之外，吾不如子房。镇国家，抚百姓，给馈饷，不绝粮道，吾不如萧何。连百万之军，战必胜，攻必取，吾不如韩信。此三者，皆人杰也，吾能用之，此吾所以取天下者也。项羽有一范增而不能用，此其所以为我擒也。"这是帝王的心机，善于用人，便得到了天下。可纵观历史，并不是每一位皇帝都能将用人之道发挥得如此淋漓尽致。

弘治十八年，仅仅做了十八年皇帝的朱佑樘突然离开了人世，结束了他梦想中的弘治中兴。这位 18 岁登基的皇帝，驾崩时还正值壮年，也许是心力交瘁，让他过早地走完了自己的人生。在他登基时，先皇宪

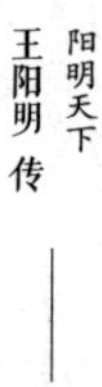

宗朱见深为他留下了一个千疮百孔的大明朝，为了填补父皇留下的一个个窟窿，朱佑樘日夜操劳，本应该属于皇帝的悠闲与舒适，他统统没有享受到。他太忙了，忙到连为自己多娶几个嫔妃的时间都没有。历史上的皇帝，哪个不是三宫六院、七十二嫔妃，而朱佑樘，却成了中国仅有的一个遵守一夫一妻制的皇帝，除了皇后张氏，陪伴在他旁边的女子便再无他人。

朱佑樘只有一位妻子，子嗣便自然不会多。皇后张氏只为他生了两个儿子，次子朱厚伟出生不久便不幸夭折，因此，能够继承皇位的，便只剩下了长子朱厚照，也就是未来的正德皇帝。朱厚照出生的日子，正处于亥年、戌月、酉日、申时，从古人参考的黄历来看，这是一个高贵的日子，朱佑樘将朱厚照视若珍宝，仅仅出生五个月，这位嫡亲的皇长子便有了另外一个身份——皇太子。

也许是从没有想过自己会在正值壮年的时候撒手人寰，朱佑樘并没有刻意去教导儿子将来怎样去做一个优秀的皇帝。也是因为他太忙了，整日忙于国事，所以把一切玩耍的时间都留给了自己的儿子。也许他不想让儿子像自己一样，拥有一个忙碌的童年，也正是如此，当朱佑樘驾崩时，朱厚照这个刚刚 15 岁的孩子，还不知道治理国家究竟有着怎样的意义。

朱厚照还没有玩够，对做皇帝这件事情，他似乎并不感兴趣。但父亲的离世，让他在匆忙之中登上了皇位。没有人知道，在朱佑樘即将离世的一刻，他是否预见到大明朝即将迎来的重重危机。我们只知道，朱佑樘一手创办的弘治中兴，培养了李东阳、刘健、谢迁这样的几位名臣，他留给儿子的，是一个秩序稳定、国力强盛、政治开明、人才辈出的国家。临死之前，朱佑樘把刘健、谢迁和李东阳叫到了自己的病榻之前，郑重地将儿子朱厚照托付给了这几位他最信赖的大臣。他告诉朱厚照，这三位都是国家栋梁，日后如果有不明白的地方，一定要向他们请教。早已哭成泪人的朱厚照点头答应，可朱佑樘还不放心，拖着病体勉强坐了起来，向三位大臣说出了自己的肺腑之言："你们为了国事辛劳不已，朕当皇帝以来件件都看在眼里。太子还算聪明，但年龄太小，喜好逸乐之事，各位先生要监督他读书，辅助他做个好皇帝。"

面对着涕泪横流的皇帝，没有哪位臣子会不心软，三位大臣齐齐跪地，说道："臣愿意肝脑涂地，辅佐殿下。"有了三位老臣的承诺，朱佑樘终于死而瞑目了，未来的一切，他再也不能掌握，一切都要看儿子的造化了。

此时的王阳明，在官员辈出的京城，依然是一个微不足道的小官，可是，历史的车轮正向他一步步滚来，属于王阳明的时代，即将到来。

如果说，历史上的某位皇帝，有着混世魔王的潜质，那么，这个人，非正德皇帝朱厚照莫属。直到登上皇位的那一刻，他依然没有玩够，整个大明朝，成了他最有趣的一件玩具。人间本是一场游戏，朱厚照便是按照自己的方式在游戏人间。他曾经一脸庄重地说过一句话："你们都不懂我。"也许在他那颗玩世不恭的心底下，隐藏着关于人生的哲理。但这些都没有人知道，人们知道的，只是他留下的一段段荒唐离奇的故事。

朱厚照登上皇位之后，在京城里招收了上百名恶棍作为义子，他

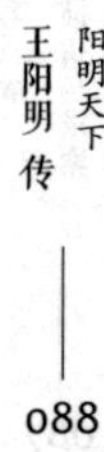

们在京城中打打杀杀，抢来的财物便向皇帝上供，堂堂的皇帝竟然成了京城最大黑恶势力的保护伞。每个皇帝在位时，都生怕自己过得不舒服，而朱厚照却生怕自己过得太舒服，他每日和老虎、豹子练习摔跤，为此还专门修建了一座豹房，作为自己锻炼身体的场所。此外，他还在紫禁城中建立了商铺和妓院，让太监装扮成商人，宫女装扮成妓女，不仅是做做样子，竟然真的开张营业，好好的皇宫就这样被折腾得乌烟瘴气。

刚刚做了不到半年皇帝，谢迁、刘健、李东阳三位大臣就联名向皇帝上疏，列出了皇帝的五条错误行为：

其一，上朝太晚，为政不勤；

其二，以九五之尊，却在内务府观看木匠做活，有失身份；

其三，事先未通知下人，跑到海子泛舟，不考虑风险；

其四，外出打猎次数过多；

其五，内侍所进食物，未经试毒便食用。

几位老臣的建议，正德皇帝表面听取，暗地里却进行了翻天覆地的改变。大臣说皇帝上朝太晚，皇帝便干脆取消早朝；大臣不让皇帝去海子泛舟，皇帝便偷偷跑去长城游玩。几位老臣急在心里，却无法说出口。

只做皇帝还不能让他满足，正德十三年，正德皇帝朱厚照在早朝时下了一道让全体官员瞠目结舌的圣旨——封一位叫朱寿的人为总督军务威武大将军，另外加封镇国公。他在谕旨中说道："总督军务威武大将军朱寿，统领六师，扫除边患，累建奇功，特加封镇国公，岁支禄五千石。"大臣们面面相觑，谁也不知这位朱寿是何许人也，竟然让这位极少关心国事的皇帝如此重视，不承想皇帝此时竟然发话：“朕就是朱寿。”一时间满朝官员皆哑然，原来皇帝所谓的郑重其事，不过是为了玩乐。

先皇朱佑樘早已化作一缕青烟散去，留下的贤臣再多，也无法违抗这个昏庸至极的皇帝。也许是明朝的皇帝与大臣之间有着太深的宿怨，大臣欺骗皇帝，皇帝不相信大臣，这是从太祖皇帝朱元璋时期开始，就已经存在的问题。崇祯皇帝曾经选择过相信大臣，却被内阁首府周延儒骗去了性命，他向崇祯皇帝虚报一场大捷的战役，崇祯皇帝高兴之余赏了他一大笔赏金，可是崇祯皇帝并不知道，这场所谓的大捷之战，其实并不存在。几个月后，被敌军逼得走投无路的崇祯皇帝，悲哀地吊死在山中。大臣们不可信，万般无奈的明朝皇帝们，只能选择去相信宦官。

千古帝王，一梦南柯，高筑磐石烽火阻，万里缠绵悲壮歌。每一代帝王，饱经历史的沧桑与风雨，一切的功过留给后人去评说。大臣们每日劝阻，希望皇帝倾心朝政，成为一代贤君。可贪玩的正德皇帝，不仅不安心打理朝政，反而把大权交给了自己最信得过的太监刘瑾。刘瑾将身边最亲信的谷大用、马永成、张永、魏彬、罗祥、丘聚、高凤共七个太监组织到一处，无恶不作，专门陷害当朝的大臣。大臣们恨得咬牙切齿，为他们取了个“八虎”的绰号，却又苦于找不到处置他们的良策。

一切的是非功过，只能留给后人去评说。多年以后，当清朝的皇子们不用心读书时，老师们便会说：“你想学正德皇帝吗？”每到此时，不专心读书的皇子们便会马上安静下来。可是在当时，所有的大臣都知道，正德皇帝才是太监们作恶的根源，可是，谁又敢说皇帝是错的呢？

第五节 王氏权谋

历史在岁月中穿梭，仿佛在驱逐一些什么。千姿百态的人生中，对与错在进行着诸多对比，站在时光的暗影中，历史的美与丑都在阳光下穿行而过。没有了五光十色的渲染，留下的只是苍白与灰暗。

在正德皇帝面前，官员得不到重用，宦官刘瑾却步步登天，势力逐渐扩大，最终竟获得了专权的地位。朝中官员成了刘瑾眼中的鱼肉，他放出话来，想要保住官位，就要与我刘瑾搞好关系，违背他意愿的官员，就会遭到他的诬陷迫害。

想要保住官位的大臣，纷纷将美女、珠宝、车马进献给刘瑾，却更加助长了他嚣张的气焰。目中无人的他，连正德皇帝也不放在眼里，他借着皇帝的名号，四处敛财，搜刮了成千上万的珠宝，连家里都放不下了。他的家中更是美女如云，大臣们却只是敢怒不敢言，只因惧怕他的势力。

正德初年，兵科给事中周钥在从淮安查勘返京的途中自杀，只留下一张字条，上面写着“赵知府误我”。没人知道一个握有实权的当朝官员为什么寻死，只有刘瑾知道，所有奉旨出京的人归来，都要向他进贡一笔不小的贿赂，淮安的赵知府本来应允送给周钥千两白银，用来贿赂刘瑾，谁知却没有兑现，无奈的周钥只好走上了绝路。

另外一个给事中安魁和御史张彧出京盘查银粮归来，因为进贡给刘瑾的贿赂少了，便被刘瑾随便安置了个罪名，让他们戴着重达一百五十斤的枷锁示众，险些送命。

刘瑾的同谋不只是几个太监，许多朝中官员也成了他的同党。都察院右都御使刘宇，主动带着万两白银投靠了刘瑾，成了刘瑾的走狗，被提拔为兵部尚书，后来又升为吏部尚书，愈发贪得无厌。

在刘瑾的身边，真正的军师人物，还要属焦芳。这是一位曾经在会试中考中探花的才子，在翰林院中担任过修编，一做就是十年，从未升迁。明朝腐败的内阁官员，曾经堵住了无数真正有才学之人的升迁之路，怀才不遇的焦芳内心苦闷至极。

连王阳明都曾经疑惑，像焦芳这种有着一身抱负的才学之士，是怎样一步步堕落成助纣为虐的军师的。他翻查了焦芳的履历，才发现他的人生也曾经步步坎坷。在翰林院任职的焦芳，虽然从未获得过提拔，但却有着一身报国志。只因错与他人走得太近，受连累被赶出了翰林院，贬为了贵阳同知。焦芳日夜幻想着东山再起，只要有机会，他便会抓住不放，渐渐地，他终于从贵阳同知升任了霍州知州，接着又升任四川提学副使，后来又升为南京右通政。但这不是他的最终目的，他的最终目标是重回翰林院。没想到，一次服丧为他提供了机会。当时，同样在家中服丧的南京国子监祭酒李杰，守孝期满之后，在内阁首辅徐浦的举荐下，重返翰林院。一听到这个消息，焦芳连夜赶回京城，四处打点，终于得偿所愿，不仅重返翰林院，不久之后还为了礼部侍郎。

在焦芳重返翰林院之前，内阁大臣刘健曾经提出质疑。焦芳对此怀恨在心，只要有机会便会谩骂刘健。许多南方的官员都曾经对焦芳表示不满，导致焦芳写了一篇《南方人不可相图》，交给刘瑾。之后只要有南方人被罢官，焦芳便会写文章表达自己的喜悦之情。越来越变本加厉的焦芳，开始四处打压忠臣，却对皇帝阿谀奉承。正德皇帝刚刚即位九个月，便花掉了四百多万两白银，在皇帝的耳目面前，焦芳故意大放豪言："老百姓家尚且需要用度，何况一国之君？"靠着阿谀奉承和打压的功夫，焦芳终于成了吏部尚书。

回首间，白云已走远，往事如烟，随风飘散，岁月不留痕迹，但已然走过。生命中没有永恒，有的只是经历，就像人从来没有办法去拥抱阳光的斑驳，只怕轻轻一碰便会碎裂，徒留满目怅然。

官员们为了给刘瑾行贿，总是先在京城借贷好银两，再到外派的地方打着刘瑾的旗号，四处搜刮，将百姓的怨恨统统加在刘瑾的头上。刘瑾也是个聪明之人，他意识到安全比钱财更加宝贵，当御史欧阳云再一次将搜刮的银两奉上之时，刘瑾却突然好像变成了另外一个人。他在皇帝面前揭发了欧阳云贿赂自己的罪名，为自己换来了拒绝贿赂

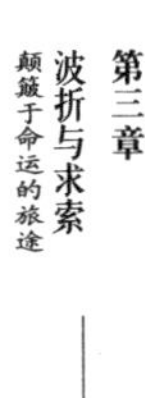

的美名。

并非所有的官员都甘心忍受宦官刘瑾的淫威，刘健、谢迁、李东阳等大臣纷纷上书斥责刘瑾的罪名，正德皇帝朱厚照却视而不见。大小官员们忍无可忍，终于选择同心协力，由李东阳执笔，写了一封言辞恳切的联名奏折。正德皇帝看了半晌，思忖良多，又与司礼监的太监们商议过后，决定将刘瑾遣送往南京。大臣们再三坚持一定要斩草除根，处死刘瑾，见众人态度坚决，正德皇帝才决定次日逮捕刘瑾，由司礼监的太监王岳作为内应。然而，逮捕刘瑾的奏章一定要经过吏部尚书焦芳的签署，焦芳看过之后，马上通知了刘瑾。大惊失色的刘瑾，连夜带着“七虎”进宫，一同跪在正德皇帝面前，边磕头边痛哭。眼见正德皇帝有些心软，刘瑾趁机反咬一口，说王岳勾结内臣，想害死刘瑾，为的就是想制约皇帝，先铲除皇帝身边的亲信之人。

这下轮到正德皇帝大惊失色，他当即将刘瑾任命为司礼监掌印，将王岳抓捕，遣送到南京孝陵。大臣们第二日上朝，本以为刘瑾将被严惩，没想到正德皇帝却以“刘瑾等人从小服侍至今，朕不忍处理，此事日后再议”为借口，想要息事宁人。亲眼见到如此变动的刘健、谢迁、李东阳等人，再也无法容忍皇帝的荒唐做法，一怒之下纷纷辞官回家。没有人可以威胁这位自大的皇帝，他准许了刘健和谢迁的辞呈，却唯独留下了李东阳。李东阳反复提出辞呈，正德皇帝的批复却始终只有四个字“卿勿再辞”。

如此一来，刘瑾的气焰便更加嚣张。曾经得罪过他的户部尚书韩文，以及左都御史张敷华，都被他编造了莫须有的罪名驱逐出京城。

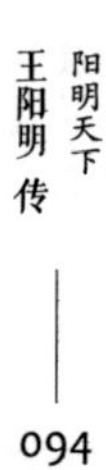

“前七子”之首李东阳也险些遭到刘瑾的毒手，无奈之下求助于刘瑾的老朋友康海，才勉强保住官位。

此时已经没有人能制止得了刘瑾的猖狂，他开始公开卖官鬻爵，只要官员送上贿赂，很快便会升迁提拔。而谢迁的同乡，却没有如此好的命运。刘瑾一道诏书，生生为余姚选拔的乡贤安了个“徇私舞弊”的罪名，将他们发配到边疆去了。最后，他又“大公无私”地下了一道诏书：“此后，余姚人不得选京官。”

经受了这样一场打击的官员们，大多选择了沉默，南京科道戴铣等忠臣义士终于无法忍受刘瑾的恶行，联名上书，向正德皇帝揭发刘瑾的一条条罪名。面对着愤怒的大臣们，正德皇帝采取了安抚策略，表面上对刘瑾的行为表示愤慨，内心里却嫌这些大臣多事。刘瑾知道自己被揭发后，赶紧跑到皇帝面前，参了戴铣一本，称他早有篡权夺位的野心，揭发自己不过是篡权的借口。昏庸的正德皇帝选择了相信宦官刘瑾，深信戴铣等人有罪，一怒之下，竟然将他们投入了大牢。恼羞成怒的刘瑾派锦衣卫将戴铣等人连夜从南京押解到北京，一通廷杖，将戴铣在内的二十多人活活打死。

也许是刘瑾的恶行彻底激怒了还存在着一些良知的正义之士，以蒋钦和薄彦徽为首的南京十三道御史再一次上书，要求正德皇帝罢免刘瑾。刘瑾再一次故技重施，将这些人施以廷杖惩处。挨了廷杖的蒋钦，再一次冒死上书，将刘瑾所做的种种恶行全部和盘托出，言辞恳切地说：“全国的百姓都因此感到寒心，唯独陛下将刘瑾放在身边重用，这是不知道左右有贼而把贼当成了心腹。请陛下亟诛刘瑾以谢天下，然后杀臣以谢刘瑾。使朝廷以正，万邪不入，则系臣之所愿！”

恼羞成怒的刘瑾再一次罚蒋钦廷杖三十，并将他投入了监狱。在狱中的蒋钦依然不甘心沉默，他继续上书道：“请陛下将臣与刘瑾比较一下，是臣忠还是刘瑾忠？臣的骨肉都被打烂，涕泗交流，连72岁的老父也顾不上赡养。然臣死不足惜，所惜者，陛下随时可能遭受亡国丧家之祸！望陛下杀掉刘瑾，悬首于午门，使天下都知道臣蒋钦直言敢谏，知道陛下英明果断。如果陛下不杀此贼，就请先杀臣，臣宁可与龙逢、比干同游于地下，亦不愿与此贼并生于世。”这下轮到了正德皇帝恼羞成怒，正义的蒋钦又被责罚了三十廷杖。哪怕是钢筋铁骨，也无法承受这么重的惩罚，三日之后，一身正义的蒋钦死在了狱中。

就在朝中官员奋起反抗刘瑾之时，王阳明选择了沉默。这并不是因为他畏惧刘瑾的强权，而是他的缓兵之计，他在想一个迂回的策略，来对付无恶不作的刘瑾。

第六节 牢狱中的叹息

每个季节走过的刹那，落叶重归故里，风自由地歌唱，夜幕降临时所揽尽的一切纷杂的事物，都在心灵的脚步里做一次纯粹的丈量。在过往的岁月里，每个人的脚步都不曾停歇，一直行色匆匆，却筋疲力尽。

王阳明一连做了七八年地位低下的小官，一直到正德皇帝即位，依然没有得到重用。怀才不遇，时刻困扰着这位空有一身报国志的才子。文臣集体上书请求处死刘瑾，王阳明知道，自己的身份微不足道，即使参与，也不过是沦为炮灰，直到戴铣和蒋钦惨死，一向人微言轻的王阳明再也无法沉默了，他不能容忍刘瑾的恶行，决定要为戴铣和蒋钦讨回公道。家人知道，这是一池浑水，只要搅进去，很可能从此万劫不复。王阳明思忖良久，写下了一篇《乞宥言官去权奸以彰圣德疏》，疏中写道："臣闻，君仁则臣直。今铣等以言为责，其言如善，自宜嘉纳；即使其未善，亦宜包容，以开忠谠之路。今赫然下令，远事拘囚。在陛下不过稍事惩创，非有意怒绝之也。下民无知，妄生疑惧，臣窃惜之。自是而后，虽有上关宗社安危之事，亦将缄口不言矣。伏乞追回前旨，俾铣等仍旧供职，明圣德无我之功公，做臣子敢言之气。"

刘瑾将自己集权统治的恐怖发挥到了极致，王阳明并没有像此前的一些官员一样选择硬碰硬，这只是他"静以待变"的一个招数。这位未来的心学大师，既不会选择像蒋钦一样愚忠，更不会选择像焦芳一样谄媚奉承。

这只是一次点到为止的尝试，在奏疏中，王阳明既没有揭发刘瑾，也没有批评正德皇帝，只是提了一些治国齐家的建议。正德皇帝并没有重视这位六品小官的奏疏，而是将其放在了一旁，不予理会。王阳明执着的脾气又上来了，他决定不但要替枉死的戴铣和蒋钦他们出头，还将出头的方式选择在了一封封的奏疏上。在奏疏中，王阳明将自己对皇帝的谏言大声陈述，他对正德皇帝说，想要做好皇帝，就要像唐太宗李世民那样勇于纳谏，不要阻止臣子说话，有则改之，无则加勉，这样才能治国兴邦，国泰民安。正德皇帝受了王阳明这样一番"教训"，脸面上挂不住，而一旁的刘瑾，在心中早已酝酿出了一场阴谋。

整个大明朝似乎都沉浸在一种寒意彻骨的冰封环境之中，仗义谏言的屡屡受挫，让大臣们心寒了，孝宗皇帝辛苦建立起的弘治中兴，似乎顷刻间便已荡然无存。王阳明没有想到报复来得如此之快，正在办公的他，还没有反应过来，便被锦衣卫一路押解到了午门。以王阳明的六品官位，根本没有机会来到明朝的核心权力地带，只有三品以上的官员，才有资格进入这里。可笑的是，还有一些身份特殊的人有光临这里的殊荣，这一次，王阳明正是以“罪臣”这样一个特殊的身份来到午门。一名太监匆匆宣读过圣旨后，几位行刑者就粗鲁地扒下了王阳明的裤子……隆冬腊月，滴水成冰，无力反抗的王阳明只能听天由命，廷杖一下一下地落在王阳明的身上，体弱多病的王阳明哪受得了如此折磨，二十几杖之后，王阳明便再也忍受不住，昏死过去。一盆凉水迎面浇来，王阳明再一次醒来，他的面前，是刚刚闻讯赶来的父亲王华，但王华也无能为力，只能站立一旁，眼睁睁地看着自己的亲生儿子遭受如此酷刑。

打在王阳明身上的廷杖，有一半是替父亲承担起官员的责任。王华身为礼部侍郎，如果不参与到反对刘瑾的争斗中，满朝文武官员便会将他视作敌人。儿子的出头，也是为了父亲的官位。挨了四十廷杖的王阳明，被打得皮开肉绽，关入了锦衣卫的大牢。

人生之路，似一场单程旅行，因承受过太多的纠缠，才会更加体味到岁月的美好。若非经历过坎坷，生命的姿态便不会有着向往美好的从容和淡薄，亦不会相信世间也有纯美透明的情感，更不会相信上天会眷顾人的善良。

新年将至，家家都在贴春联，办年货，百姓在热闹地迎接新年的到来，王阳明却一个人苦苦在牢中度日。大年夜，别人合家团圆之时，王阳明只能独自对着清冷的月光。他开始怀念在会稽山中散步，在余姚江中泛舟，曾经最普通的生活，如今却变得那样遥不可及。王阳明不禁感慨，任你抱负远大，任你智慧超群，也只能在铁窗中面对暗无天日的漫漫长夜，留下一声长过一声的叹息。

父亲虽是朝中大员，能做到的也仅仅是请大夫进入牢中为儿子医治，至于能不能医得好，或者能不能活下去，也只能听天由命。眼看着大夫用小刀一点一点割掉自己身上的腐肉，王阳明却丝毫没有感到害怕。他坚信，只要活着，便有希望，自己承受的皮肉之苦，只能让刘瑾换来一时的畅快，他日后要受的苦，会比自己严重千百倍。

刘瑾在私下里暗示王华，只要他能去刘瑾的私宅一趟，从此投靠刘瑾，就会放过王阳明，还会保证他们父子升迁。但王华坚持不与奸贼同流合污，太监刘瑾虽然爱才，却仍没有办法靠笼络名人为自己扬名。

虽说王阳明将成为圣贤看作一生的追求，但牢狱中的日子绝不能与游山玩水相媲美。想念亲人，便是最难熬的一关。“思家有泪仍多病”，在牢狱中，王阳明创作了《狱中诗十四首》，第一首便叫作“不寐”。铁窗将王阳明与家人生生地隔离在了两个世界，牢狱中的黑夜似乎永无尽头，每一刻都在品尝着从未品尝过的滋味，如何睡得着？

牢狱中的日子“室如穴处，无秋无冬”，王阳明每天都是“岂无白日，寤寐永叹”，这一刻的王阳明，前途似乎比最漫长的黑夜还要暗无天日，每日在狱中苦苦忍受，生活仿佛坠入了无底的黑洞。没有失去过自由的人，永远无法体会身陷囹圄的痛苦，“崖穷犹可涉，水深犹可泳”，可如今的王阳明，空有一身抱负，却无处施展，满腔肺腑之言，不知向何人诉说，除了等待，王阳明毫无他法。

一本《周易》，成了王阳明坐牢期间的全部消遣，他反复研究了许多遍，又用木棍按照书中所述方法反复演习。精神上充实了，人便不空虚。牢狱中的日子被王阳明当成了求圣之路上的一道门槛，孔子周游列国讲学尚且吃了不少苦，自己这点苦迟早会过去，又算得了什么。

只有两只老鼠终日与王阳明为伴，想到在家中等待自己的父母、妻子、亲友，他的心中竟然升腾起一丝暖意。即使自己深陷囹圄，但家人永远都在惦念自己，这便是自己人生的最大动力。正如《诗经》中所说：“妻子好合，如鼓琴瑟。兄弟既翕，和乐且湛。”家人之爱，是人间最后的信仰，正是这份爱，给了王阳明心中一线光明。他开始探索未知的命运，如若了如指掌，一切未知便不可怕。他在狱中搜集了五十块石子，按照易经中讲的那样，开始卜卦。都说卜卦算命是种迷信，可当人们走投无路时，才会发现《周易》所说的，往往是人间最大的真理。王阳明的卦象中显示遁卦，下艮上乾，根据《周易》中所说，乾为天，艮为山。天下有山，山高天退。阴长阳消，小人得势，君子退隐，明哲保身，伺机救天下。王阳明忽然大彻大悟，原来退一步才真正海阔天空。

王阳明在牢中乐得清闲，牢外的刘瑾却一直在忙，忙着陷害忠良，稳固自己的地位。他整理了一份奸党名录，名录包含刘健、谢迁、韩文、杨守随、林翰、张复华、李东阳在内的五十三人。本来一直默默无闻的六品小官王阳明，在名单中竟然处于第八的位置，没有人知道这是好消息还是坏消息。坏消息是，王阳明被刘瑾正式当作了死对头，而好消息是，王阳明终于扬名了。

就在王阳明入狱后不久，刘瑾找了个借口将王华调到了南京，表面上看是调动，其实是被降职。这是刘瑾对王华不肯投靠自己的一次报复，曾经反对刘瑾的官员们全部保持了沉默，朝中成了刘瑾一人的天下。

刘瑾决定，要借王阳明来敲山震虎，他要从重处罚，将他贬去距离京城千里之外的贵州龙场驿，一个小得不能再小的地方，去担任驿丞。驿丞听起来好像是个官职，其实不过是个不入流的役吏而已。发配，不过是死得慢一些的折磨方式而已，王阳明决定，自己要活下去，还要好好活。他接受了刘瑾的安排，去了那个天高皇帝远的地方，也许从此再无翻身的机会。

第四章 磨难与升华

龙场悟道终成心学

第一节 荒凉颓败的新世界

有些事情，只适合回忆，无论是否忘记，终将远去，坐落在岁月的一隅，待岁月流逝。有些风景，只适合欣赏，远了怕薄，近了怕厚，也许隔着遥远的山水，便只见无限的美。有些时刻，只适合静默，那些独处的时光，寂静而美丽，如一颗搁浅的疲惫的心，渴望现世安稳。

王阳明在牢狱中活了下来，虽然被贬职到一个似乎永无出头之日的去处，但是他毕竟活下来了，只要生命在，一切便都有可能发生。在古代，传递书信的信使、官员，都要在驿站休息，王阳明即将上任的驿丞一职，便是管理驿站的官员。此行所去的贵州，说是穷山恶水一点不为过，在大明朝，这里几乎是最穷困的地方，只有被流放的犯人，才常在这里出没。在最穷困的地方做一个最微不足道的小官，对一个拥有远大抱负的人来说，无疑是精神上的最残酷的惩罚。时间在悄悄地流淌，没有人知道历史即将被改写，一场传奇即将诞生。

每经历一场风波，便更能让人看清人情冷暖的残酷。官场中人如今见到王阳明，仿佛见到瘟疫一般避之唯恐不及。但有良知的人，却依然冒着被孤立的风险，在王阳明离京之日，到运河边送他一程。远在南京的父亲自然无法得见，但好友湛若水、汪抑之、崔子钟离别之时的真情相送，让王阳明感叹，自己拥有人世间最真挚的友情。面对着友人的离别，湛若水为王阳明赋诗两首：

皇天常无私，日月常盈亏。
圣人常无为，万物常往来。
何名为无为？自然无安排。
勿忘与勿助，此中有天机。
天地我一体，宇宙同本家。
与君心已通，别离何怨嗟？
浮云去不停，游子路转赊。
愿言崇明德，浩浩同无涯。

送行人之中，还有一名女子。她心仪王阳明已久，却总是换来他的一次次躲避。今日一别，也许就是永别，女子将一条丝巾系在王阳明的颈上，口中无语，心里却在默默祈祷他不要忘记自己。也许，王阳明心中也有诸多苦衷，面对女子的相送，他只能留下一首诗，权当日后的怀念：

忆与美人别，赠我青琅函。
受之不敢发，焚香始开缄。
讽诵意弥远，期我濂洛间。
道远恐莫致，庶几终不惭。
忆与没人别，送我云锦裳。
锦裳不足贵，遗我冰雪肠。
寸肠亦何遗？誓言终不渝。
珍重美人意，深秋以为期。

一条丝巾留下一段不解之缘，此后二人再无交集。剪一段温暖的回忆，握着那些一路相随的问候，把那些点滴藏在心底最深的角落。被温香的幸福填满，想起嘴角泛起一丝浅浅的笑意，眼角闪着泪光，一半幸运，一半忧伤。幸运的是能够相识，忧伤的是转眼就要挥别，只留在心里执着的念，永无结局。

带着朋友的念、美人的情，王阳明与京城作别，辗转来到了杭州。朝中没有规定他到龙场就职的期限，王阳明便以养身体为由，在杭州胜果寺住了下来。继母所生的弟弟王守文，也在杭州准备乡试，兄弟二人时常见面，聊以安慰思乡之情。转眼已过了两个月，在杭州期间，王阳明心中其实另有盘算，他希望皇帝能够在这期间想通，早日召自己回京。可是两月已过，朝中还是杳无音信，酷暑已至，王阳明心中的期盼被逐渐磨灭，取而代之的是一丝绝望。他用诗表达着自己对未来的迷茫：

江上但知月色好，峰会始见寺门开。
半空虚阁有云往，六月深松无暑来。
病肺正思移枕簟，洗心兼得远尘埃。
富春只尺烟涛外，时倚层霞望钓台。

一日，王守文正在家中读书，突然有两位陌生人来访，自称沈玉和殷计，两人称自己素来仰慕王阳明，这次到访，是受王阳明的嘱托，交给王守文一幅长卷。王守文打开长卷，赫然见到哥哥亲笔写下的绝命书，还有两首绝命诗。虽然不是一母所生，王守文与王阳明的兄弟之情却无比深厚，见到此情此景，王守文的眼泪立刻打湿了长卷，他哭着问两位访客：“我兄长真的投水自尽了吗？”两人急忙安慰王守文：“锦衣卫要加害先生，我们只能眼睁睁地看着他落水，却无能为力，人死不能复生，还请节哀。”

不久之后，有人拿着一双从河边捡到的黑布鞋，交给王守文辨认，这正是王阳明此前经常穿的鞋，王守文因此更加确信，兄长已经不在人间。父亲王华知道后，决定无论花多大代价，也要找到儿子的尸首。可是几位水性好的百姓，在水中苦苦寻找了两个月，也没找到王阳明的遗体。王阳明的妹夫看到此情此景，忽然放声大笑，他说：“天生阳明倡千古之绝学，岂如是而已耶？”是啊，王阳明还没有

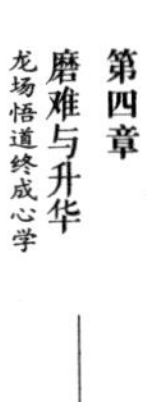

完成自己的使命，怎么可以就此告别人世？这是王阳明的一计，熟读兵法的他，使出如此计策，也只是为了保全自己的万般无奈之举。

如水的时光里，掬一捧流年的记忆，慢慢回味，一半忧伤，一半明媚。多少人，曾许下的莫失莫忘，终于散场于彼岸的风景，一别无期，将一切过往，最后遗忘在尘封的梦里，待成追忆。拈一朵闲花，取一片流云，静听无声的心事，于淡然中禅定，不如记取。

在杭州等待消息的王阳明，闲来无事之时，难免会回忆起昔日的痛苦，和未来的迷茫，正在感叹人生难料之时，两个身材魁梧的大汉来到了他的住所，问他是不是王伯安王主事。王阳明欣然应答，不料两人竟然亮出了锦衣卫的腰牌，示意王阳明随他们同行。虽然王阳明学过一些功夫，但在两个身材如此魁梧的人面前，想必也占不到什么便宜。王阳明决定随机应变，说自己体弱，不能走远路，两人决定搀着他走，走了不过两三里，后面追来了两个气喘吁吁的人，正是沈玉和殷计。

两人的确仰慕王阳明的大名已久，虽然同住在胜果寺旁，却不敢与王阳明攀谈。直到看见两名彪形大汉架走了他，两人担心他的安危，才追来一探究竟。他们偷偷塞给锦衣卫一张银票，本以为能够救王阳明一命，没想到一张银票仅仅换来了为王阳明收尸的权力。锦衣卫带着王阳明走到钱塘江边，沈玉和殷计一直在后面紧紧跟随，见锦衣卫准备杀害王阳明，便上前恳求他们留给王阳明一具全尸，殷计这时灵机一动，说不如让王阳明投河自尽，这样既能让两位锦衣卫大人复命，又能保留王阳明一具全尸，两全其美，见锦衣卫同意，沈玉便去买酒买肉，要给王阳明送行。

几杯酒下肚，两名锦衣卫已经有些微醺。王阳明称自己要留下一些遗言，要沈玉和殷计买好了笔墨纸砚，王阳明挥笔写下：

学道无成岁月虚，天乎至此欲何如。
生曾许国渐无补，死不忘亲恨有余。
自信孤忠悬日月，岂论遗骨造江鱼。
百年臣子悲何极，日夜潮声泣子胥。

想到自己多年的修为，成为圣贤的道路却依然遥远，自己即将葬身水底，家人就此再不得见，王阳明一诗写罢，还不足以表达自己对人世的留恋之情，于是便再作一首：

敢将世道一身担，显被生刑万死甘。
满腹文章宁有用，百年臣子独无惭。
涓流裨海今真见，片雪填沟旧齿惭。
昔代衣冠谁上品，状元门第好奇男。

写罢遗书，王阳明谢过两位，便朝钱塘江的上游走去。只听扑通一声，水面溅起一阵水花，江边只留下一双王阳明所穿的布鞋，水面漂起他随身携带的丝巾。沈玉和殷计对着江水痛哭不止，懊悔自己做出如此努力，还是没能挽救王阳明的性命。

他们不知道，王阳明只是制造了一场自杀的假象。他先是将鞋子脱在江边，又取下当初女子赠送自己的丝巾扔在水面，最后，他抱起一块大石头，奋力向江中一投，自己则趁着夜色，跑到江边的草丛中躲了起来。

王阳明从死神的门槛边迈了回来，就这样躲了一夜，第二天一早，王阳明便乘船一路逃到了福建。没想到途中遇到巡海的兵士，担心他是日本的间谍，便将他抓了起来。万般无奈之下，王阳明只好道出了自己的真实身份，一并讲述了自己被追杀的经历。所谓聪明与机智，便是在危急时刻仍能保全自身，王阳明的聪明，是无论在多么危险的处境中，仍能镇定自如，谈笑风生。如果只说出自己被追杀的事情，这些士兵很可能再一次将自己杀害，王阳明展开了自己天马行空的想象力，对他们说，在自己即将沉到水底之时，一个长着鱼头人身的怪物救了自己，它自称是奉龙王的命令请他到龙宫中一叙。龙王亲自在宫外迎接，用丰盛的筵席招待了他，还说他阳寿未尽，亲自派鱼头使者将他送到了这里。

一番话唬得这些士兵将他当作神人，好酒好菜地招待了他。酒足饭饱之后，趁着夜色，王阳明赶快逃离了这个是非之地。

第二节 云山雾水里的慨叹

时光从不因人的悲喜而停留，人们往往在辗转中学会了从容。在流年的风中等一场雨露，润泽心灵，在明媚的阳光中，等一场花开，芬芳生命。

王阳明从没有想过，一场贬官之行是如何演变成一次逃亡之旅的，他只知道，自己不得不跑，因为只有保全性命，才能考虑将来的事情。王阳明顾不得分辨方向，只顺着脚下的路一直奔跑，他不知道自己身在何处，却忽然发现眼前绿树成荫，流水潺潺，青山环抱之下，到处是一片祥和安逸的景象。已经折腾一路，又饿又渴的他再也跑不动了，正在忧愁如何解决温饱之时，眼前的一座寺庙，成了王阳明的救命稻草。

佛门清净地，总能让人找到心灵的归宿，王阳明喜欢寺庙，也曾经去过无数的寺庙，结交过无数的僧人。佛家慈悲，僧侣们大多有着普度众生的心肠，王阳明觉得自己得救了。他急忙走上前去叩门，可是过了半晌，门内依然没有任何动静。他刚刚燃起的希望破灭了，原来这是一座没有人的空庙。王阳明转身欲走，寺庙的门忽然吱呀一声打开了。

开门的是一位略胖的和尚，似乎被王阳明扰了清梦，面露不悦之色。王阳明赶快打恭施礼，称自己是一名旅人，想在寺庙借宿一晚，希望能够行个方便。本以为出家之人都有着一副菩萨心肠，可面前的这位和尚竟然一口拒绝，称寺规森严，不得留宿外来之人。接着又顺手向前一指，称前面有个山神庙，可以到那里去借宿。没等王阳明反应过来，寺门咣的一声关上了。

无奈的王阳明只得向山神庙走去，也许是已经被荒废了多年，这座山神庙已经残破不堪，既无窗又无门，几乎没有落脚之处，如果晚上碰上贼人，很可能连命都难保。可是，有片瓦遮身，总好过露宿荒郊野外。尽管已经决定住下来，但王阳明的警戒心再一次地提醒他，这里并不是安全的容身之处。仔细回想，刚才那位和尚似乎不是面善之人，他执意不让自己留宿，而是将自己赶到这样一个荒凉破败的地方，一定有问题。他左右观察了一圈，似乎只有房梁上是个安全的地方。房梁不比宽阔的地面，王阳明在上面只能蜷缩着身体，被寒风吹得瑟瑟发抖，根本无法入眠。本以为这一夜就会这样在煎熬中过去，忽然之间，门外传来一声嘶吼，吓得王阳明差点从房梁上摔下来。定睛一看，一只斑斓的猛虎如同闲庭信步一般，在山神庙里面来回踱步，好像在寻找什么。王阳明大气都不敢喘，眼睁睁看着老虎找了半天，终于带着失望走了。他这才明白过来，原来和尚坚持把自己赶到这里，是希望老虎把自己吃掉，如此一来，自己的包裹和财物就变成了和尚的财产，看来这真是个丧尽天良、贪得无厌的和尚，竟然利用老虎满足自己的贪念。看来，人类的凶残远胜于猛虎。

远处天色已经开始泛白，老虎应该不会再回来了，王阳明从房梁上下来，躲在香案下面。不久，那名和尚出现在山神庙门口，想来是以为王阳明已经葬身虎口，来拿他的财物的。见到和尚进来，王阳明闭上眼睛装睡，故意鼾声大起，吓得和尚大惊失色，连问王阳明是怎么活下来的。王阳明又发挥了随口编故事的才能，他告诉和尚，昨晚睡到半夜，故意来了一群猛虎，围在寺庙门口大声嘶吼，可就是不敢进来，自己也不知道为什么。和尚听到此处，以为自己碰到了连老虎都不敢侵犯的神人，连忙毕恭毕敬地将王阳明请回了寺中。王阳明本还故作姿态，执意不去，看到和尚卑躬屈膝的样子，便跟着他来到了寺庙。在寺庙中，王阳明被当成上宾，好好地饱餐了一顿。

行于尘世，总有许多无奈。即使只喜欢阳光雨露的清新，也不得不面对风霜的来袭。红尘喧嚣，途经万千，在纷繁的烟火间，人们也只能选择随遇而安。

在寺庙中被当作贵宾的王阳明，怎么也没有想到，他在这里竟然遇到了一位故人。寺庙中出现一位道士，本就是稀奇之事，更稀奇的是，这位道士，就是二十年前王阳明大婚之夜时，与他在南昌铁柱宫交谈了一夜的无为道士。

道士的容貌如同二十年前一样，面色红润，似乎一点都没有变老。而王阳明却已白发丛生，脸上有了许多皱纹，与道士相比，自己倒更像一位老者。道士认出了王阳明，还像当年交谈时一样开心，在后殿，道长与王阳明盘膝相对而坐，像二十年前一样，促膝谈心。王阳明仿佛遇见亲人一样，向道长讲述了自己二十年来的经历，又告诉道长，自己遭到刘瑾的陷害被贬官，还险遭杀害。

道长问王阳明："你日后有何打算？"王阳明叹气答道："孔子曰：'邦危不入，乱邦不居'，我从此隐姓埋名，枕石漱流，绿水青山长对吟罢了。"

他本是希望道长能够为自己指点一处安全的容身之地，道长的一席话却似乎一下子点醒了梦中人。道长告诉王阳明，如果你藏起来不去上任，等于抗旨，如果有人诬告你通敌，那不就是害了你的父亲吗？

道长的一席话听得王阳明直呼后怕，险些因为自己连累了家人。孟子曰："天将降大任于斯人也，必先劳其筋骨，饿其体肤，空乏其身，行拂乱其所为。"想到此处，王阳明提笔在寺庙的大殿上题诗一首：

险夷原不滞胸中，何异浮云过太空。
夜静海涛三万里，明月飞锡下天风。

他决定离开这里，去龙场就任。道长将一锭银子作为礼物送给了王阳明，临行之前，王阳明再一次拜会了同在福建的老友娄一斋。娄一斋本以为王阳明已经沉尸钱塘江底，忽然见到他来访，几乎不敢相信自己的眼睛。高兴之余，娄一斋不忘劝王阳明去南京看望他的父亲，得知他投江自尽的消息，父亲还不知道有多伤心。

亲情，是光阴中流淌的一道甘泉，是来自灵魂深处的一种情怀，是浮华退却后的清净，也是红尘喧嚣后的清澈。清寂的时光中，将心根植于亲情之中，唯有自己能感受个中惬意。将心全部交付于亲情，感受那份婉约清灵的韵致，让心灵得以舒缓。

父子二人在南京一见，忍不住抱头痛哭一场。父亲老了许多，两鬓早已斑白，想到自己年少时的顽劣，让父亲操了不少心，王阳明的心头又掠过一丝愧疚。

所幸父子二人均安好，经历如此一场变故，两个人曾经对彼此的埋怨与误解统统烟消云散。父亲派了家中的三个仆人，陪伴王阳明一同去龙场赴任。临行前，父亲想到儿子此去一定凶多吉少，又担心儿子忍受不了那里的艰辛，便语重心长地劝导儿子："圣人孔子在陈国讲学，因为没有粮食，险些被饿死；司马迁为了编撰《史记》，受刑之后仍能笔耕不辍十九年，他们正是因为受过人世间极大的苦，日后才能成为圣贤，你此去龙场，蛰伏一时，日后必有重见天日的一天。"王阳明含泪点头，父亲的良苦用心，他终于懂了。

途经杭州，王阳明又去了一次胜果寺。他的肺病未愈，杭州是养病的极佳处所。三个在杭州参加乡试的年轻人，听说王阳明在胜果寺，特意前来拜访。他们明知刘瑾将王阳明视为眼中钉，却不畏强权，依然与王阳明接近。这三个人，在未来的大明朝，也有着举足轻重的地位，他们是徐爱、蔡宗兖、朱节。三位年轻人向来崇拜王阳明，此番见面，他们决定拜王阳明为师。王阳明见三人谈吐不俗，均为可塑之才，便欣然应允了。

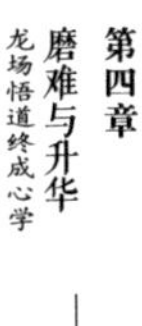

这是王阳明一生授徒之路的开始，他这样评价三人："徐生之温恭，蔡生之沉潜，朱生之明智，皆我所不逮。"

在胜果寺，王阳明写下一片《别三子序》，赠予他们三人，还特意写了一封举荐信给湛若水，希望三人在京城应试期间，能得到湛若水的照顾。

徐爱后来与王阳明的妹妹成亲，成了他的妹夫。在自己的众多门生中，王阳明最钟爱徐爱。徐爱不仅像王阳明评价的那样温恭，甚至有些多愁善感。他曾经在梦中梦到一位老僧，老僧告诉他："你与颜子同德。"听说自己与孔子最钟爱的徒弟颜回同德，徐爱不禁欣喜，可老僧紧接着说："也与颜子同寿。"还没来得及高兴的徐爱伤感了，颜回只活了 32 岁，难道自己也将在中年丧命？苦闷至极的他逢人便说这个梦，久久无法释怀。

去龙场就职，已经成了王阳明推脱不掉的责任，于是，他带着三个仆人，踏上了去贵阳的行程。

第三节 龙场悟道，终明心学

真正的平静，不是避开车马喧嚣，而是在心中修篱种菊，如陶渊明般，抛名弃利，远离俗世。在尘世烟火中行走的凡尘俗子，难得有人在心中留一方晴空，安安静静，与世无争，自在从容。

王阳明即将就任的龙场，位于距离贵阳八十多公里的修文县。正德四年的三月，王阳明一路游历，终于来到了目的地。都说穷山恶水出刁民，在贵州龙场，不仅有着一群刁民，还是一群吃人的刁民。当地的土著人听说朝中有一位驿丞即将到任，便动起了吃掉他的念头。可是经过一番占卜，他们得到神的“旨谕”：“此中土圣贤也，汝辈当小心敬事听其教训。”

虽然逃过被土著人吃掉的一劫，但王阳明面前的龙场，依然是一个穷乡僻壤之地。层峦叠嶂，似乎万里没有人烟。偶尔从树丛间走过几人，大多是当地的苗人、彝人，或是被发配到这里的流犯。

虽说龙场是个驿站，但却只有几间简陋的茅草房。几匹供人换乘的马，既老且瘦，似乎弱不禁风，根本经不起任何人的骑乘。仆人看到如此简陋的茅草房，不禁悲从中来，可从六品京官降为没品驿丞的王阳明，却处处显露出开心。他对仆人说，自己在朝中的第一份差事，就是在观政工部学会了搭建房屋，没想到如今竟然派上了用场。一时兴起，王阳明竟然作了一首《初至龙场无所止结草庵居之》，聊表心中的感慨。

可是哪怕修建得再好，茅草屋依然难以抵挡风雨，每到雨天，屋中便被雨水全部浸湿。然而生活中的艰苦，与王阳明内心的孤独相比，却是那么的微不足道。每到长夜寂静，他便会想念家人、思念挚友，这里没有人可以与自己进行心灵上的交流，即使十天半月能见到一名访客，似乎也无话可说。

即使想说，王阳明与当地人之间，也存在着言语不通的困扰。如果偶然遇到言语相同的人士，那大多是从中原逃来的亡命之徒。他们没有固定的居所，便用土简单地垒起一座简陋的房子，说是房子，其实跟土堆中挖的窟窿差不多，他们就住在里面。直到王阳明到来，建起了茅草房，当地人才学着他的样子，建起了正式的居所。

驿丞是个闲职，几乎整日无事可做，王阳明便在驿站附近四处游走，竟然无意之中发现了一处山洞，乍看上去，有些像当初修道时居住的阳明洞。烟雾缭绕的洞口，比阳明洞更像是人间仙境。似乎冥冥中自有天注定，王阳明认为这是上天赐予他的绝佳住所，这里不仅能够遮风挡雨，还比茅草屋更是宽敞许多。王阳明为这座山洞取名为“阳明小洞天”，当下决定，日后就在这里居住。他带着仆人，亲手在洞内打造石桌、石床、石椅，简单的生活竟然也过得别有一番风味。

王阳明整日在山林之中吟诗作对，还创作了《猗猗》一诗，通过对竹子的赞颂，表达自己的信仰：

猗猗涧边竹，青青岩畔松。
直干历冰雪，密密留清风。
自期永相托，云壑无违踪。
如何两分植，憔悴叹西东。
人事多翻覆，有如道上蓬。
惟应岁寒意，随处还当同。

也许是过惯了城市中舒适的生活，到龙场不久，王阳明的三个仆人便纷纷病倒了，但一向体弱多病的王阳明却没有倒下。也许是一段时间以来的奔波让王阳明适应了困苦的环境，他不仅没事，还承担起了照顾仆人的工作。

主仆与尊卑，本就是人为定义的一种概念，王阳明打破了人们眼中世俗的观念，不仅每天担水、劈柴，为生病的仆人做饭，还亲自照顾他们，为他们减轻病痛。此时，他们之间已经没有了主仆的界限，有的只是几个在困境中相依相偎的亲人。

在王阳明的悉心照料下，三位仆人很快便康复了。元宵之夜，遥

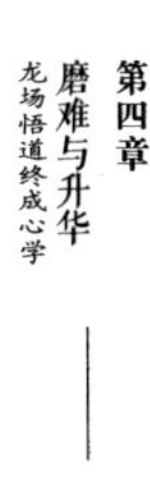

想千里之外，别人都在合家团圆，此处却只有这主仆四人相互陪伴。正在感慨间，几名土著人突然出现在了王阳明的住所。原来，当地的土著人已经在暗中观察了王阳明许久，他们觉得，这名新来的驿丞人还不错，王阳明来龙场的这段时日，也多少学会了一些当地的土著语言，就这样，经过一番似懂非懂、手脚并用的交流，他们竟然成了朋友。

在当地苗族和彝族兄弟的帮助下，王阳明在门前开垦了一片荒地，过上了农耕的生活。闲来无事，他时常与当地的土著人在一起聊天，他们惊讶于王阳明竟然有如此渊博的知识，不仅懂得诗词歌赋，还会修建房屋，甚至还会为病人把脉开药，更神奇的是还会看手相。

除了共同饮酒作乐，王阳明还教会了土著人如何伐木，并教他们用木材搭建房屋。当地土著人一学即会，建造的房屋不仅美观实用，还带有当地的民族特色。

土著人简直将王阳明奉若神灵，他们集结了一大批人，用王阳明教他们的方法，在一座向阳的山坡上，用了整整一个月的时间，搭建了一座方圆十里最大的院落。竣工之日，他们请王阳明到院落中参观，王阳明发现里面既有卧室，又有客厅，还有凉亭。在如此荒凉的地方，这样一座宅院，简直堪与苏州园林相媲美。

土著人告诉王阳明，这所院落是为他而建，惹得王阳明心头好一阵感动。土著人的朴实和热情，让王阳明无法拒绝这份大礼，他为这座院落的书房取名“何陋轩”，客厅取名为“宾阳堂”，一片翠竹环绕的凉亭被他取名为“君子亭”，他决定将这里改造成一所书院，专门用来向土著人传授孔孟之道和儒家思想。因为院落建立在龙场的山冈上，因此王阳明将之取名为“龙冈书院”。

在龙场过了一段与当地土著人和谐共处的日子后，王阳明收到一封家信，信中说道，刘瑾知道他还活着，便想继续报复，如今已经命令王阳明的父亲返回了京城。王阳明回信道：“刘瑾的恼怒尚未得到消除，得失荣辱，我都可置身度外，唯独生死一念，我时常独自醒悟，觉得自己尚未能获得超脱。”

经过如此一番折腾，王阳明渐渐觉得，死神就藏在身边，随时都有把自己带走的可能。如此的穷山恶水，前途渺茫，后退无门，自己还能做些什么？只要王阳明陷入思考，便会做出一些反常的惊人举动。他带着三个仆人，用山中的石板给自己打了一副棺材，每天晚上便睡在棺材之中。这是他对死亡最大的嘲笑，这也正是王阳明的过人之处，一旦存在，便是永恒。

无论在山水间，还是在广袤荒野，都需要让心境永远如山涧溪水，清澈透明。人间种种烦恼大多是庸人自扰，若能盈一份博爱与豁达于心灵深处，是云就在天空中逍遥飘游，是水就在江湖里安逸自在，是风就在春天吹开百媚千红，是雨就在暗夜润物无声，则每日都会是风清日朗，悠然自在。

龙场这个毫不起眼的地方，竟然成了王阳明一生的转折点，从这里，他迈上了求圣之路上的另一个台阶。一个人的成功之路，似乎是上天早已注定的。一步步的经历，一次次的坎坷，一场场的磨难，累积到今时今日，在王阳明37岁的年纪，在龙场这个穷乡僻壤之地，一切思维与智慧碰撞在一起，如同爆炸般闪现出点点火花。人说只有

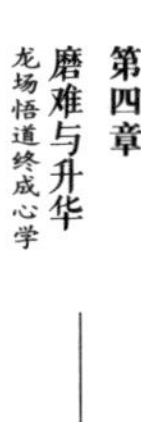

反复失败才能换来最终的成功，也许，想要成为圣人，也是这样的道理。

从王阳明 13 岁立志成为圣人，到 37 岁在龙场顿悟人生的生死，经过了漫长的二十四年。这二十四年中，王阳明始终在为自己的梦想努力，一次次的经历和磨难，让他日渐成熟。他小小年纪便经历了生母的离世，也许那是他对死亡第一次的认识，那一刻他也许还没有思考生与死的意义，却在幼小的心灵中打下了深刻的痛苦烙印。

他整日阅读儒家经典，手不释卷，挑灯夜读，也曾受过误导，一头扎进格物致知的误区。一场“格竹事件”的失败，让他重新思考所谓圣贤的真伪。

他奉父母之命成婚，却没人知道他心中真正的选择。他在大婚之夜与无为道长彻夜攀谈，谁又能说这不是他无言的抗争？

他在会试中连续两次失败，表面上虽谈笑风生，可从此沉迷于兵法，热衷于武举，没人能说清，这是他对自己的失望，还是对当时黑暗官场的绝望。

王阳明自幼体弱，成年时更患上了严重的肺病，以致他刚刚进入官场，却不得不告假养病。也许这只是一种对现实的逃避，可短暂的逃避过后，他很快认清只有积极面对，才有改变现实的可能。谁知重返官场不久，便得罪了奸贼刘瑾，仅仅在京城做了六年小官，便被一贬到底，一路追杀，在最恶劣的环境中保全性命。

对于死亡，王阳明早已做好了足够的心理准备，他每天在石棺中入睡，连他自己也不知道，第二天的清晨，他还能不能从石棺中醒来。没有亲人，只有仆人；没有风景，只有石洞；没有书籍，只有一本《周

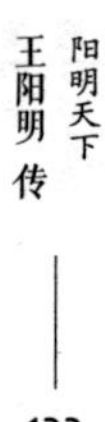

易》权当作为解闷的阅读工具……而对这本《周易》，王阳明几乎可以倒背如流，他在心中反复玩味：周易的道理，正是天人合一；圣贤左右逢源，追求的正是良知；如果舍弃了良知，去追逐别人教你的看法，这样的知，也只是对一事一物的看法，而不是原原本本的知。

越是这样思考，王阳明的心中就越是明朗，突然间，又一道天光划过他的眼前，他再一次开窍了。在梦中，王阳明忽然梦到“格物致知”的奥秘，兴奋不已的王阳明从石棺中一跃而起，大声说道：“圣人之道，吾性自足，不假外求！”所谓的天理，圣人之道，全在我心中，全在我与生俱来的秉性中，为圣之道，只需向自己内心深处去挖掘和寻找即可。

死亡再也不能成为王阳明的困扰，因为一夜之间，他已参透了生死，也许旁人认为他疯癫，可没人知道，一代心学圣贤，从这一刻起，正式诞生。

第四节 励精图治的年月

自古以来，许多文人墨客归隐山林，幽居田野，那是历尽沧桑后的一种了悟，也是对世事名利的一种释然。当人们渐渐了悟生命的真谛，懂得了生活的含义，知晓了人生的意义，拥有了超脱的心境，不再为名利而劳累，不再为成败而悲喜时，才能怀着一颗悠然的心，在春天播种，在夏天耕耘，在秋天收获，在冬天欢喜。那样的人生，才是真正的潇洒和惬意。

龙场的土著人为王阳明修建的龙冈书院，直到五百年后，还依然保存完好。建立伊始，王阳明每日在书院中免费授课，许多喜好读书的年轻人纷纷前来听课，并且，一听就再也不想走了。王阳明的授课方式别具一格，书院中每日充满着欢快的讲学氛围。他的课不仅限于在书院之内进行，他也经常带着弟子们来到户外，通过亲身接触自然，来感受天人合一的真正意义。他将孔孟之道的真正精髓传递给弟子，还会讲述这些圣人先师的传奇故事，他教导弟子们，人人都可以成为圣贤，绝不要因为眼下的落后而自惭形秽。他告诉弟子们：“富贵犹尘沙，浮名亦飞絮。嗟我两三子，吾道真有趣。”一方小小的书院，为多少文人学子搭建了梦想启航的地方，让龙场这个偏僻得几乎被人遗忘的地方，因为龙冈书院的存在，渐渐变得热闹了起来。

名声是一把双刃剑，出名之时，好与坏便相伴而来。思州知州听说王阳明将龙冈书院办得有声有色，误以为他一定从中赚了不少学费，自己却丝毫好处都未见到，便决定从王阳明那里捞一些好处。

他派人提醒王阳明，办学堂授课要注意方式，表面上是提醒，实则是暗示王阳明要向上级官员孝敬一些银两。王阳明心中明白他们的意思，但他只是冷笑一声，对此嗤之以鼻。恼羞成怒的官差打算抓人，可每日受教于王阳明的这些土著人，哪能看着自己心目中的圣人遭受如此侮辱。一向民风彪悍的他们，三两下就将几位公差打得逃离了书院。众人欢呼雀跃，只有王阳明心中明白，事情不会轻易得到解决。果然，没过几日，一封书信到了王阳明的手中，写信者是思州按察使毛应奎，也是王阳明的同乡，他在信中说，下级侵犯上级是不对的，需要王阳明亲自到州府叩头谢罪。

只要燃一盏心灯不被迷失，便能做到不以物喜、不以己悲，在喧嚣中觅得一份宁静，在风雨中觅得一份坦然，在静谧中觅得一份幽逸，不论山重水复，不论柳暗花明，都能坐看云起，笑谈人生。

王阳明绝不可能向思州知州磕头谢罪，他只是写了一封回信：“昨承遣人喻以福祸利害，且令勉赴太府请谢，此非道谊深情，决不至此，言无所容！但差人至龙场凌辱，此自差人挟势擅威，非太府使之也。龙场诸夷与之争斗，此自诸夷愤愠不平，亦非某使之也。然则太府固未尝辱某，某亦未尝傲太府，何所以醉而请谢乎？跪拜之礼，亦小关常分，不足以为辱，然亦不足不当无故行之。不当行而行，与当行而不行，其为屈辱一也……”

王阳明本是抱着超然生死的信念写了这封信，没承想一封信竟然让思州知州差一点奔赴龙场，亲自向王阳明道歉。文字的力量竟然远远胜过了武力，从此，书信就成了王阳明最好的武器之一。

能在如此荒蛮之地，将一所书院办得有声有色，王阳明再一次声名远扬。正德四年，一位叫席书的官员来到了龙冈书院，他是贵州的提学副使，也是王阳明的贵人。

席书曾是弘治三年的进士，一度在户部担任员外郎。一次云南地震，严重的灾情导致人心惶惶，朝廷的官员到云南巡查，回来后向朝廷禀报，认为云南官员救灾不力，导致天灾酿成人祸，请求罢免云南官员。本以为把云南官员当成替罪羊之后，此事就可草草了之，可席书这时却提出了不同的见解。

他认为云南的天灾，责任在朝廷，如果只处罚云南官员，等于本末倒置。于是，惹恼了朝廷的席书便被皇帝找了个借口，调到了偏远的贵州。

早在京城做官之时，席书就听说过王阳明这位敢在京城办学的人物。如今在贵州为官，且正是专管提学一职，席书一定要与王阳明打打交道。他希望改善贵州落后的教育状况，也许最好的方式便是支持王阳明的书院。

席书赶了半天的路来到了龙冈书院，耐心地等王阳明授课结束，这才上前说明身份，并且向王阳明问了一个无论怎么回答，都可能是错误答案的问题：“朱熹和陆九渊，谁的理想更值得学习？”朱熹是大明朝独尊一派的圣贤，而陆九渊则是王阳明心目中的至圣先师。本以为王阳明会左右为难，谁知他只用一句话，便彻底让席书觉得此人不可小觑。这句话便是王阳明在棺材中悟出的那句：“圣人之道，吾性自足，不假外求。”一番话说得席书有些吃惊，圣人竟然也可以自己悟道而成，这样的言论他还是头一次听说。带着满腹怀疑，席书回到住处后反复思索。第二天再来，王阳明又向他讲述了禹和稷的故事，带着故事中的道理，席书继续回家思索。如此来往了四五次，席书对王阳明是越来越佩服，他相信王阳明是个难得的人才，只有他才能实现自己振兴贵州教育的梦想，于是，他希望王阳明能够担任贵阳书院的总教席。

风雨人生，福祸相依，笑泪交织，有淡定，人生就不寂寞，有知足，人生就不空白，有超脱，人生便更丰富。若拥有了超然物外的至高境界，纵然繁华落尽，纵然一切成烟云，心中一定有花开的声音，和美丽的风景。

王阳明应允了席书的聘任，一场知行合一的心学教育，便从贵阳迈出了第一步。王阳明的授课方式既宽松且严格，他让学生把程颢的语录牢记于心：“才学便宜须知有著力处，既学便宜须知有著力处。

学要鞭辟近里著己。为名与为利，虽清浊不同，然其利心则一。不求异于人，而求同于理。”

正德四年二月，王阳明的学生徐爱在会试中，考中了二甲第一百一十三名，年仅22岁的徐爱第一次考试便高中进士，他第一个想要感谢的，便是自己的老师王阳明。来不及与妻子分享自己考中进士的喜讯，徐爱第一时间赶赴龙场，想要把这个好消息告诉王阳明。

京城到贵阳，是一段漫长的道路，徐爱一走便是两个月。一路上，每当走到坎坷难走的地方，徐爱便不禁感叹，老师一定在这个地方受了不少的苦。到了以后才发现，王阳明不仅没有吃苦，还积攒了一大批拥趸者。高兴之余，徐爱也向王阳明提出了一个困扰自己许久的问题，那便是他认为“知行无法合一”。他对王阳明说，人们应该对父母尽孝，对兄长尊敬，可人们却根本做不到这些，那么知和行又怎能合一呢?

王阳明的一番话，让困扰很久的徐爱茅塞顿开，他告诉徐爱：“被私欲隔断的行为，本身就没有知行的本来面目了。知而未行，只是未知。圣贤教导人们知与行，是要恢复知行的本来面目，而不是告诉人们怎样去知，怎样去行。《大学》里面也曾经讲过，看到美色属于知，而喜欢美色则属于行，人们看到美色自然就会喜欢，而不是看到美色之后，才生出喜欢的心。如果一个人懂得孝敬父母、尊敬兄长，一定是他做到了，人们才会说他知孝、知悌，绝不仅仅是因为他只说了些尊重父母和兄长的话而已。再比如，一个人知道痛，一定是身体已经感到痛了；而知道寒冷和饥饿，一定是身体已经感到寒冷和饥饿，这就是知行合一的本来意义，知和行是怎么都分不开的。”

王阳明从书中看过太多心口不一的故事，现实中也见过了太多说一套做一套的小人。从春秋战国以来，人们总是用善良和仁义标榜自己，可却极少有人能真正做到，那些奸佞之徒，有着狼虎之心，却肆无忌惮地助纣为虐。

在龙场悟道，让王阳明彻底明白了一个道理：越是身处乱世，越不能以平庸无能的凡夫俗子的是非观去评价道理，要相信真理就在自己手中，心即是理。

徐爱认为自己已经明白了，他对王阳明的讲解说出自己的看法，没想到竟然遭到了王阳明的反对。他纠正徐爱：“知是行的宗旨，行是知的落实；知是行的开始，行是知的结果。有的人做事喜欢任意妄为，必须讲了知的道理才能做得正确；有的人则只会胡思乱想，从不会亲自做事，这样的人一定要对他讲行的道理，他才能正确地知。”

一番讲解终于解开了徐爱心中的全部疑团，他决定将老师的话语全部记录成册，日后让更多的人领会老师讲解“知行合一”的含义。

第五节 皇恩浩荡，重见曙光

嘴角的微笑和眼角的泪珠都是眷恋，眷恋着家乡的一草一木，眷恋着家乡的每一个人，甚至对在家乡时的每一寸光阴，都是眷恋的。哪怕是曾经厌恶的一切，久而久之都会眷恋起来。岁月斑驳，树的每一圈年轮都是一圈风雨之后的彩虹，也许会有另一个地方、另一群人、另一段时光去填补那块缺失的空白，可总有一天，这个地方会重新变成空白，彻彻底底地被人遗忘。

王阳明在龙场不知不觉已经两年，家乡的一人一物，无时无刻不在牵动着他的神经。听说有一位京城来的小吏，在贵阳郊外的一位苗人家中投宿，王阳明迫不及待地想要见一见这位家乡人。第二天天刚亮，他便迫不及待地派仆人去请，结果那位小吏已经带着全家离开了。又过了一天，一个噩耗传来，那位小吏

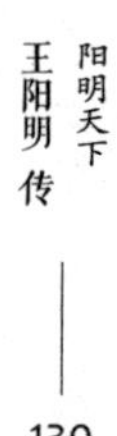

和儿子、仆人，全部死在了路上。

人生在世，谁都会遇到生与死的问题。王阳明过早地面对了母亲的死亡，对生死之事比别人更加敏感。他不禁思考，到了自己离世的那一天，又有谁会在自己身旁，又有谁会将自己埋葬？满怀悲愤的王阳明，将自己的心绪全部写在了文章之中，一篇字字血泪的《瘗旅文》，就在此时诞生。清代影响力最大的《古文观止》，曾经收录了王阳明的这篇文章，这篇写给素未谋面之人的祭文，即便是翻译成白话文，读来也让人感动与悲伤：

“正德四年八月初三，有位不知道姓名的吏目从京城过来，他带着儿子和家仆去远方赴任，路过龙场，在当地的苗人家中投宿。我从篱笆间内看到了他们，本想向他们打听北方的事情，可由于当时天气昏暗即将下雨，没有见到。第二天一早，我派人去找他们，他们却已经走了。快到中午时，从蜈蚣坡下来的人说：‘一位老者死在了坡下，另外两人哭得非常伤心。’我想，一定是那个吏目去世了，真让人伤心。黄昏时，又有人来告诉我们：‘坡下死了两个人，旁边有一个坐着叹气。’我询问那个人的相貌，判断是那个吏目的儿子死了。第二天，又有人从坡上下来，告诉我们坡下有三具尸体，原来是那吏目的仆人也死了，太让人伤心了。

三个人的尸体就这样暴露于荒野，没有人管，我便带着两个童子拿上工具去掩埋他们。两个童子露出为难的神情，我告诉他们：‘我和你们，跟他们都是一样的。’两个童子难过地流泪了，和我一同去，我们在山脚下挖了三座坟把他们埋葬，又拿来一只鸡、三碗饭祭奠他

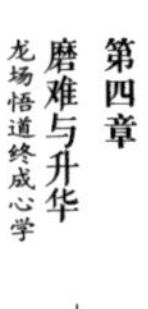

们。我对他们说：‘太让人伤心了。你是谁呢，我是龙场驿丞，浙江余姚人王守仁，和你们一样生长在内地，可你们为什么偏要在这山中做鬼呢？古人说出外当官不超过千里，我是被贬官才来这的，你又有什么罪过呢？你只是个吏目，俸禄也不过五斗米，就算带着家人种地也能得到这样的收入，为什么为了五斗米搭上自己的七尺之躯呢？还要搭上自己的儿子和仆人，简直太让人伤心了。你要是真的为了这五斗米而来，就应该高高兴兴而来，可是昨天我看到你的面容，却是满面忧愁，似乎有什么苦恼。你要冲破瘴雾，冒着霜冻，攀登悬崖，突破峭壁，行走在千万座高山的顶峰，还要忍受饥渴，难免筋疲力尽。瘴气瘟疫侵袭于外，忧愁郁结于心，怎么可能活得下来。我没想到你死得这么快，也没想到你的仆人和儿子也死得这么突然，这都是你们自找的，让我说什么好呢？我是因为你们没有依靠才来掩埋你们，却让我有了无穷的悲怆。如果我不掩埋你们，山崖边成群结队的狐狸，和山谷中大如车轮的毒蛇都会把你们埋在肚子里，也不会长时间沉尸荒野。自从我离开家乡，到这里已经三年，经历了无数瘴雾毒气还能勉强保住性命，是因为我一天都没有忧愁叹息，今天却悲伤到如此地步，是我把你们看得太重，却把自己看得太轻’……

我给你们唱首挽歌吧：‘连绵不断的高山矗立在天边，飞鸟无法通行；离家的游子想念故乡，却分不清何处是西东；虽然分不清南北西东，却都有同样的天空；不同的地域不同的方位，却都在四海之中。心胸豁达就可以四海为家，何必非要守在家中？亡灵啊亡灵，请一定不要悲伤哀痛！’

再唱一首吧：‘我和你们都是背井离乡，南方之人的语言无法沟通；人的性命无法预期，我要是死在这里，请带着你的儿子和仆人来到我身边。我要和你们漫游嬉戏，驾着紫虎或乘着彩纹的蛟螭，登高遥望故乡而叹息。如果我能够侥幸活着回去，你的儿子和仆人依然会伴随着你，不要因为没有伙伴而悲伤。道路两旁的坟墓一座又一座，大都是从中土来的流浪者，你们可以一起徘徊，又说又唱。以清风为正餐，以露水为饮料，你们不会饥渴。早上可以与麋鹿一起玩耍，晚上可以和猿猴一起休息，你们一定要安心待在自己的住所，不要化身厉鬼扰乱附近的村落……’”

一篇《瘗旅文》，似乎在祭奠他人，可更像在告慰自己。王阳明只知道自己从哪里来，却不知自己未来要到哪里去，落叶还有着最终的方向和归宿，可像自己这样，就犹如无根的浮萍，自己的最终归宿又在哪里？一篇如泣如诉的文章，作之者固为多情，读之者能无泪下？

为了三位素不相识的同乡，王阳明已经耗费了太多的体力与精力，满身大汗的他，坐在一旁休息。王阳明本就身体虚弱，他不能也不敢再过悲伤，只能在心中默默祈祷，希望逝者一切安好，生者还有希望。

如今的王阳明，人生之路已经走完了一小半，最美好的年华已经付诸流水，除了一脸的沧桑和面对现实的无奈，他似乎不再期待还能拥有一份属于自己的未来。可一颗蠢蠢欲动的心，却总是不甘寂寞地在梦想和现实之间徘徊，让他不肯放下心中的执念，也许，这才是不可或缺的生命支柱。

也许是上天感受到了王阳明的企盼，正德四年十二月，一纸朝廷的诏书到了他的手上，诏书上写着，任命王阳明为江西吉安府庐陵县令，必须即刻上任。能有这样的调任，还要归功于王阳明自己的努力，虽然被贬官到千里之外的龙场，但他始终与京城的故交——乔宇和储瓘保持着书信往来。身为户部侍郎的乔宇，虽然无法亲自为王阳明的仕途提供一些帮助，可是他与吏部尚书杨一清却有着极好的关系。这位早已无法容忍刘瑾种种恶行的老臣，在关键时刻改变了王阳明的命运。

回想刚来龙场的路上，他曾经遇到一位目光呆滞的女子倚门而坐，上前询问后得知，她的丈夫另结新欢，将她赶出了家门。无处可去的女子只好在荒郊野外的茅舍中度日，每日靠思念丈夫和儿子过活。见妇人可怜，王阳明便上前安慰，愿意听她讲讲自己的故事，妇人说道，自己与丈夫自幼相识，青梅竹马、两小无猜的两个人，长大后自然暗生情愫。女子曾问过丈夫，初见时是什么心情，丈夫想了好一会儿，却念起了《洛神赋》：“其形也，翩若惊鸿，宛若游龙。荣曜秋菊，华茂春松。仿佛兮若轻云之蔽月；飘摇兮若流风之回雪。远而望之，皎若太阳升朝霞；迫而察之，灼若芙蕖出渌波。”

妇人知道丈夫只是哄哄自己而已，却还是无比开心。可是日夜轮转，人也会随着时间而改变。志向远大的丈夫，一直幻想着拯救苍生，可现实总是如此残酷，哪怕志向再高，终于被现实无情地打磨。柴米油盐将丈夫从天堂打落凡间，曾经的美人也被时间熬成了妇人，丈夫早已厌倦了迟暮的妻子，新欢顺其自然地进入家中。一番故事讲得如泣如诉，王阳明也不由得为自己的命运感到悲伤。自己空有一身抱负，却被贬官至此，谁知有没有重见天日的一天。

连日的压抑终于找到了出口，王阳明为这名妇人一口气写了五首《去妇叹》，表面上是在为别人叹息，其实却是在替自己惋惜。

但是，在即将离开龙场的那一刻，王阳明心中忽然生出了几分留恋。这里的环境虽不如大城市繁华，可却有着最自由和纯净的气息，这里的土著人民让他感到亲切，他在这里教授的学生，有着最纯净的心态。

离开，才代表着更多的机会，就让这里的一切全部装在记忆之中，随着自己远走他乡吧。但王阳明没有想到，这一分别，便是永远，他从此再也没有踏上过龙场的土地，但这里的一切都让他无法忘怀，这里的人们，也无法忘记这位曾经给他们带来巨大改变的导师。

第六节 如鱼得水的仕途

生命就像一条滚滚流动的大河，湍流不息且永不停息，每前进一步，都需要坚强和勇气，让我们没时间停留，只能激流勇进。人生总是在风风雨雨中行进，没有谁的笑容背后不是沧桑，只有经历了才知道，没有一种苦痛会永远伴随你。

带着一纸诏书，王阳明开始了赶赴江西就任的行程。此去江西，走的还是与当年来龙场时同一条水路，只是，同样的路，此时走来，却是不同的心情。

王阳明的学生此时已经遍布各地，行至湖南辰州，由冀元亨引领的几位学生，一起到码头迎接老师，并随着老师一路前行。虽说徐爱是王阳明最喜爱的学生，但湖南常德人冀元亨，在王阳明的生命中有着特殊的意义。在《明史・王守仁传》中曾经记载："守仁弟子盈天下，其有传者不复载。惟冀元亨尝与守仁共患难。”

洞庭湖是屈原的葬身之处，当船行至此，王阳明忧国忧民的情怀一同涌上心头，不由得低头沉思。此时，冀元亨向王阳明请教“心即理”的含义，王阳明并未马上回答，只是取出一本《战国策》，随手将第一页的地图扯下，又撕成一块一块的碎片，要冀元亨重新拼好。

要拼好这样一张地图，着实需要花费一番工夫。战国初年的地图上国家众多，除了齐、楚、燕、韩、赵、魏、秦等大国，还有众多少数民族的小国分布在四周，冀元亨凭着记忆和自己学到的一切知识，过了很久也没有将地图拼凑完整。王阳明并没有责备，反而笑着将纸片交给了书童。

冀元亨起初还嗤之以鼻：“连我都无法拼出来，区区一个小书童怎么可以。”只见没怎么读过书的书童，几下就拼好了地图，冀元亨不禁大吃一惊，忙问诀窍，书童说，地图的背面是刘向的画像，反过来将画像拼好，地图自然就拼好了。冀元亨这才恍然大悟：如果一个人对了，他的世界就对了，何需向外界去求。原来，世间万物的理，和人心的理，都是相同的。

一路风尘，且教且行，终于来到了江西吉安地界。已经 39 岁的王阳明，从六品兵部主事做回了七品县令，别人的官级随着年龄逐年递增，只有他的官却越做越低。好在不需要再在石洞中睡棺材，也不用担心瘴雾毒气的侵扰，能够清清静静地独自管理一个县，等于也享受了世外桃源般悠闲。

娴静的时候，端看一盏烟雨，洒脱如雨的意境里，每一片木叶都

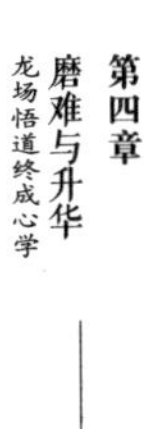

经历了霜雪，每一枝枯藤都蕴含见证过钟情，每一寸芳土都留有残香，每一丝青雨都压着古韵，思绪踩着自由的平仄，将岁月吟咏成绝美的诗作。

“翰林多吉水，朝上半江西”，人才辈出的江西，曾经孕育过欧阳修、文天祥、杨万里这些鼎鼎大名的人士，这里的街道和茶馆，似乎都散发着文人的气息，随处可见的一处题词，很可能就出自哪名未来状元之手。据说，在明成祖时期组建的内阁，七名翰林学士中，有五人来自江西，而这五人中，有三人来自吉安。在这样一个人杰地灵的地方做官，倘若自身的文化底蕴不够，恐怕坐在衙门里，整日也会觉得自惭形秽。

到了江西，王阳明的第一位客人，便是严嵩。刚刚丁忧期满的他，正在分宜安心读书，听说王阳明来到吉安，便赶忙前来拜访。那时的严嵩，还是一位勤奋好学的官员，王阳明教导他要造福百姓，严嵩全部欣然应允。也许连严嵩自己都没有想到，日后的他，会成为大明朝首屈一指的奸臣。

送走了严嵩，本以为在如此知书达理的地方，做一个县令是一件非常惬意的事情，可是，令王阳明没想到的是，吉安的百姓，有着一项超乎寻常的爱好，那便是告状。曾经的吉安知府每日都能接到八九百封诉状，一些屡次生事的人被知府抓进大牢，他们反而异常享受，待在牢中不愿意出来。那位知府本想效仿汉代的酷吏，没想到还没有开始整治民风，就被喜欢告状的吉安百姓告倒了。

王阳明刚刚上任，吉安的衙门就被告状的百姓围了个水泄不通。

衙役们都紧张得额头直冒汗，王阳明却异常冷静地拍响了惊堂木，告状的百姓这才纷纷下跪，讲出了告状的原委。原来，朝廷在全国征收葛布税，虽说吉安不产布，但却同样需要缴税，税款从三千多两一下子增至两万两，苦不堪言的老百姓只能求王阳明为自己做主。

虽说王阳明离开了永无出头之日的贵州龙场，可是就任江西吉安庐陵县，却同样是一块烫手的山芋。如今的现状，是朝廷上下团结一致敌对庐陵，王阳明认为，这不是一个解决问题的好办法，最好的办法是先礼后兵。刚一到任，他便向吉安知府和江西布政使提交了一篇《庐陵县为乞蠲免以苏民困事》，文中表明，自己一定能处理好庐陵县百姓乱告状的状况，顺便请求减免朝廷对庐陵县多余的摊派。

庐陵县的百姓见自己的摊派有所减少，起初还有些感谢王阳明这位新到任的知县，送到他手中的状纸稍微减少了一些。可冰冻三尺非一日之寒，没过几日，庐陵百姓便又恢复了以告状为乐的本性。

一日，王阳明刚从衙门出来，准备回家休息，没走几步，一大群百姓便哭喊着围堵了上来。王阳明赶紧将百姓们请入县衙，众人争先恐后地递上自己的状纸，王阳明接过状纸一看，无非就是谁偷了谁家鸡蛋这样鸡毛蒜皮的小事。但王阳明并没有生气，一条计策在心中渐渐酝酿而成。

早在太祖皇帝朱元璋时期，因为庐陵百姓喜好告状，皇帝便在每隔方圆一里的范围内，设置了一名德高望重的老者，称为“里老”，由他们进行官司的裁决，不服管教将受到严惩。于是，王阳明稍加思考，便撰写了一篇榜文，张贴在市集之上。榜文的大意是：庐陵自古为礼仪之邦，如今却变成了讼棍的乐园。此后，除了人命关天的大事，一律不可到衙门告状。小的纠纷就去找里老解决。讼书不得超过六十字，如果再有瞎告，坚决从重处置，绝不姑息。

这封榜文收到了不小的效果，几个月后，果然极少有人再去告状。

岁月匆匆，容颜易老，浮华终是云烟。得失不过一念之间，来去随缘，便不受万象牵绊。做自己喜欢的事，走自己该走的路，其他的便交给命运。笑看风云，坦荡心灵，淡泊名利，宁静致远。

告状事件刚刚平息，长期天旱造成的疫情，以及火灾和匪患，也到了不得不治理的时刻。王阳明嘱咐属下及时掩埋尸体；又让邻里之间每家的房屋之间都留出间距，拓宽街道，避免火灾的发生；接着在全县实行保甲制度，创造了严酷的“十家牌法”，彻底围剿了南赣的匪帮。百姓们渐渐将王阳明视作青天，这完全得益于他坚定的“人人皆可成圣”的信仰，以及面对挫折时的坦荡与从容。

在王阳明安心治理着庐陵县时，却不知京城已经发生了翻天覆地的变化。

正德五年四月，宁夏安化王朱寘鐇打着刘瑾的旗号叛乱，刘瑾知道消息后，一面瞒着皇帝，一面派老臣杨一清前去平叛。在平叛的路上，仇钺假装叛变投靠朱寘鐇，趁其不备，将朱寘鐇和同伙一举捉拿，一场声势浩大的叛乱，只用了不到十八天便彻底平复。杨一清决定趁着这样的机会，同时搞垮刘瑾。于是，一纸告发刘瑾叛变的奏折送到了皇帝手上，愚蠢的皇帝却说了一句让人啼笑皆非的话：“我把天下给刘公公就好了嘛。”一旁的张永赶紧发话，如果天下是刘瑾的，那还要皇帝干什么。一语惊醒梦中人，清醒过来的正德皇帝赶紧派人将刘瑾抓住，定为谋反罪，凌迟处死。这不仅是一件大快人心的喜讯，也是王阳明仕途上的又一次转机。

正德六年，正是朝廷每三年一次的地方官进京接受考察的年份，离开了家乡近三年的王阳明，也借着地方官进京的机会，回到了京城。地方官的考察，由吏部和都察院主管。考察过后，吏部对王阳明下达了“南京刑部四川司主事”的任命，虽然没有刚入朝时的官位大，但与现在的官职相比，总算是提升了。可还没等王阳明去赴任，又一纸任命下达，任命他为“吏部封验司主事”。封验司是吏部下设的四个司之一，主管封爵和褒赏，是一份实打实的肥差。然而这还不是王阳明仕途的顶点，刚刚在封验司就任几个月的王阳明，又被升为吏部文选司员外郎，专管官员的升迁和调动。

上天总是不甘心于日子就这样平淡地过去，短短几个月后，王阳明再一次高升，这一次的职务是“吏部考功司郎中”。故友重逢，步步高升，王阳明的人生，只差一点便堪称完美，那就是讲学传道。

好友湛若水在大兴隆寺为王阳明安排了一处场馆，专供他做传道授业之用。黄绾便在此时成了王阳明的学生。在王阳明的学生中，黄绾的天赋极高，且好与人争辩。在担任南京礼部侍郎时，黄绾曾经被人弹劾，他极力为自己辩白，称自己自小崇拜岳飞，连背上都刻着“精忠报国”四个字。当时的嘉靖皇帝让人验证，结果发现黄绾的背上什么都没有，此事立刻传为天下笑谈。

即便如此，黄绾也从不向权威低头，可却偏偏在王阳明面前甘为学生。在大兴隆寺中听过王阳明讲学后，黄绾彻底成了王阳明的拥趸者，甚至以结识王阳明为荣。他常在文中回忆与王阳明共同经历的事情，在《阳明先生行状》中，更是记录自己与王阳明和湛若水二人“饮食起居，日必共之，各相砥砺”。

流云只为风而聚散，岁月斑驳了回忆里最初的一抹色调。花空如流水去，望岁月，过往皆是云烟。天下无不散之筵席，一直跟着王阳明学习的户部侍郎乔宇，被调任南京担任礼部尚书，他却不甘心年纪轻轻就去一个适合养老的地方做官。失落的乔宇来向王阳明辞行，王阳明告诉乔宇：“学习贵在专心。”乔宇答道：“我的确是这样做的。从小我便喜欢下棋，甚至达到废寝忘食的地步。除了棋子和棋谱，我的眼睛几乎不看向别处，因此我的棋艺非常好，三年之中都没有遇到过一个对手。所以，学习贵在专心。”

王阳明又对乔宇说：“学习贵在精专。”乔宇答道：“我也确实是这样做的，长大以后学习诗词，我对每个词句都追求精益求精，反复精雕细琢，广泛学习别人的长处，如今我已经舍弃粗俗的唐诗宋词，而是去研究汉魏的乐府了。所以学习贵在精专。”

本以为王阳明终于无话可说，没想到他又开了口：“学习贵在态度正确。”这次轮到乔宇无话可说，沉默良久，他有些沮丧地说道：“确实是这样，我到了中年以后，开始想要学习人生哲学和圣贤的道理，可是以前学的那些下棋和乐府之类的雕虫小技，已经占满了我的心灵，没有办法静下心来专心学习圣贤的道理了。这样该如何是好呢？”

王阳明不急不躁，缓缓道来：“学下棋、学诗词、学圣人之道，

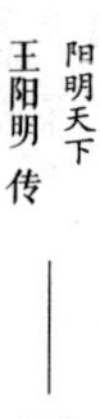

都是在做学问。可是三种学问最终能够到达的地方，却大不相同。只有圣人之道，才是宽阔的大路，其他的学习都是充满荆棘的小路，很难才能走通，只有圣人之道，才能走得更远。只有专心于圣人之学，才是真正的专心，只有专精于圣人之学，才是真正的专精。专精于下棋，只能叫作沉溺，专精于诗词，只能叫作怪癖。”

一席话说得乔宇如同醍醐灌顶，他连连点头称是，只是可惜没有早点跟着老师学习。

王阳明继续说道：“文艺的技能虽然也是衍生于圣人之道，但却终究只是旁枝末节，只有将本意调整到圣人之道本身，才能真正学习到圣人之学。若能将精力集中到关键之处，成功就会指日可待。”

乔宇本已低落的士气，在王阳明这里得到了鼓舞。到了南京，他逢人便讲王阳明的哲学，没过多久，王阳明的大名，在南京已无人不知、无人不晓。

第五章 功勋与战争

万民爱戴的全才

第一节 平步青云，屡建『事功』

生命中，总有人不断地闯入，不断地离开；时光里，总有人不停地重逢和告别。有些风景注定停留在记忆身后，有些人则一直活在回忆之中。光阴的书页中记满了来过的身影，岁月的长路上，留下了远去的踪迹。

虽然乔宇远去南京，但好友湛若水和学生黄绾还一直追随在王阳明的身旁。湛若水作为陈白沙的学生，本身就有一定的名气；而黄绾生来善于言辞，凡是从他口中听说过王阳明的人，都把王阳明当作圣人般崇拜。如此一来，王阳明在大兴隆寺的书院中，官员、学子济济一堂，简直比国子监还要热闹。

细数王阳明的一生，学子如过江之鲫般数不胜数。王阳明的学问，让无数人豁然开朗，读懂人生，可连王阳明自己也没有想到，他的学问竟然还有“起死回生”的效果。据传，御史郑一初久卧病榻，一连几位名医都对他的病束手无策，正在病榻上等死的郑一初，无意之中接触到了阳明之学，大为振奋的他，垂死病中惊坐起，连药都不吃，起身就赶往大兴隆寺，如痴如醉地站在一旁听王阳明讲学。

弟子多了，传奇的事件便也多了。王阳明的弟子之一方献夫，年仅20岁就高中进士，在翰林院为官，官位比王阳明还要高。虽说是王阳明的上司，可在学堂之上，每次见到王阳明，方献夫都要作揖尊称老师。

不同的人心中总是存在着不同的道理，王阳明的两个学生——王舆庵和徐成之就因为观念不同，吵了起来。王舆庵尊崇陆九渊，而徐成之则相信朱熹，二人时常争论不休，却又争不出结果。

朱熹和陆九渊同是生活在南宋年代的大师，但两人所学却背道而驰。两位大师虽有分歧，但始终保持着君子之交。南宋淳熙二年，为了调和朱熹和陆九渊之间的分歧，吕祖谦曾经邀请二人来到信州的鹅湖寺，让两个人在一处辩论一下各自的观点，这便是著名的“鹅湖之会”，讨论的议题是“教人之法”。

朱熹向来主张“格物致知”，格物，便是穷尽事物之理；致知，便是推致其知以至其极。他主张要多读书，多观察事物。根据以往的经验加以分析，才能得出最终的结论。

而陆九渊恰恰相反，他认为每个人的道德良心与生俱来，圣贤之人自古以来便倡导本心。将大好年华与宝贵精力浪费在引经据典上，只会让人更加迷茫。

三天的“鹅湖之会”，最终却也只是不欢而散。同样，王舆庵和

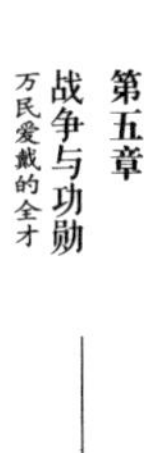

徐成之之间的争论，也没有一个人能够占到上风，最终还要王阳明来裁决。王阳明说道："以朱学为是，陆学为非，是天下由来已久的定论，即使徐成之不去辩解，王舆庵也无法改变。"一时间众人哗然，人人皆知王阳明崇尚陆学，也正是如此，大家才跟随王阳明学习，可如今王阳明却说朱熹是对的，这让人难以接受。

但王阳明只是再一次将兵法用在了做学问上，他用一句话试探出了众心所向，原来陆九渊的学说已经深得民心。于是，王阳明再一次开口："朱熹和陆九渊各有所得，各有所失，二人的学说相互渗透，不必打倒任何一方。朱学早已风行天下，已无讨论必要，陆学四百年来蒙受不白之冤，是到了讨回说法的时候了。"众人再一次哗然，虽说看似不偏不倚，但仔细琢磨不难发现，王阳明还是倾向于陆九渊的。

一时间，深信朱子学说的人纷纷声讨王阳明，攻击他的文章频频出现，汪抑之、崔子钟、储瓘这三位王阳明的昔日好友，也因为一直以来深信程朱理论，从此与王阳明成为路人。

树大招风，是亘古不变的真理。眼见王阳明的学生越来越多，礼部和内阁收到投诉王阳明的文书也越来越多。

一句话的风波远不仅于此，朝中一些握有实权之人将湛若水和黄绾视作王阳明的核心同谋，开始拆散他们。很快，借着越南国王去世，需要大明册封心王的由头，湛若水被派遣出使越南，而黄绾则因为遭到弹劾，告病还乡。在送别湛若水时，王阳明意味深长地说："迟回歧路侧，孰知我心忧。"

生活的味道，在周而复始中品味，有时难免会觉得乏味。而人生，恰恰似枝上初生的蓓蕾，直到落英缤纷飘零，过程酿造甜与苦涩，最终只是一个人一条短暂的路程。

送走了湛若水和黄绾，接下来便轮到王阳明接受“处置”。正德七年十二月，王阳明再一次“升职”，职务是南京太仆寺少卿。一个管马的四品副职，实际上并没有任何实权。王阳明的志向是入阁拜相，而这次升官，却有着“发配边疆”的意味。虽然职务是南京官员，但此去就任的滁州，距离南京还有几十里的路程。

在徐爱的陪伴下，王阳明前往南京赴任。徐爱曾经做过直隶祁州府的知州，如今身为南京工部员外郎。此时再见到徐爱，王阳明的不禁百感交集。他是自己的妹夫，也是自己的学生。当初王阳明被刘瑾追杀时，徐爱义无反顾地拜他为师，可王阳明却并没有为徐爱做过什么。为了弥补徐爱，他决定将自己多年的心得传予徐爱，便问徐爱道：“一别五年，不知你学业可否有长进，不如考一考你，将《大学》背诵一遍。”虽说《大学》是明朝学子的启蒙读物，可见王阳明说得如此认真，徐爱不得不硬着头皮开始背诵，刚背了两句，便被王阳明打断，称徐爱背错了。可是错不在你，在程颐和朱熹。他们曲解了曾子的意思，一字之差将后人引入歧途。徐爱起初还和老师辩论，可在王阳明一番耐心解释之后，徐爱终于信服。可是一直对程朱理学深信不疑的徐爱，内心却再也无法平静。

朱熹认为《大学》的宗旨是领悟正大光明的德行，方法是弃旧图新；而王阳明则认为《大学》的宗旨是领悟正大光明的德行，在于亲近百姓，造福百姓。朱熹将《大学》归纳为修己而后安百姓；而王阳明则将《大学》归纳为修己和安民并行不悖。他认为，执政者只要让百姓安居乐业，自然会得到拥戴。

一路上，王阳明时不时用自己的言传身教去引导徐爱，以致徐爱发出感慨：要是这条船永远开不到南京该有多好。徐爱将这一路的所得，悉数记录在了《传习录》的序言中，从此以后，王阳明的学说，没人比徐爱更能阐释得清楚。

正德八年二月，王阳明和徐爱在赶往南京的途中，回到了阔别已久的家乡余姚。王阳明再一次见到了日夜思念的父亲。父亲王华已年近七旬，对儿子的一举一动却处处担心。他了解儿子的聪明，也知道儿子在京城的作为，他批评儿子不应该随意批判朱子，导致如今的境地。王阳明也不争辩，在家中休养数月，才重新踏上赶往滁州的行程。

岁月清浅，人生无恙。坐拥一季烟尘，时光煮雨，沏一壶茶，品一抹香，悠然于岁月。山清水秀的滁州，不仅让欧阳修写出了一部流传千古的《醉翁亭记》，也是明朝自古以来的马场。虽说调任王阳明到滁州，是对他的一种身体放逐，可每日有学生相伴，在美景中畅游，却让王阳明感受到了一种精神上的享受。

一天晚上，徐爱来找王阳明，说道："弟子辗转反侧，不能入睡，前来讨教。先生讲只求之于本心便可达到至善境界，恐怕，还是不能穷尽天下之理。"王阳明告诉他："心即是理，天下哪有心外之事，心外之理？"徐爱再问："对长辈孝顺，对朋友讲信义，对百姓仁慈，不都是心外之理吗？"王阳明继续教导："这些都是存在于心中的天理，用在老人身上便是孝，用在朋友和百姓身上便是仁。"

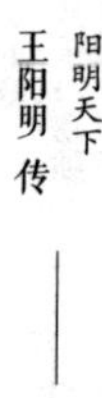

豁然开朗的徐爱决定继续提问，师徒二人接着朦胧的烛火和皎洁的月光，相对而坐，纵情畅谈，不知不觉天色渐亮，两个人的话题已经转移到了死亡。徐爱告诉王阳明自己做过一个梦，梦中的和尚告诉自己活不长，这一次王阳明无语了，他看着徐爱瘦弱的身躯，感到一些心疼。

王阳明的拥趸者们听说他来到南京，便纷纷奔走相告，一时间，众多形形色色的人投入王阳明的门下，每个人都希望得到王阳明对自己人生之路的指引。一位叫王纯甫的南京学子，苦于不会与人相处，前来求教，王阳明只说了一句话："心外无物，心外无事，心外无理，心外无义，心外无善。"

另一位叫梁仲用的官员，觉得自己一向急躁，请教王阳明如何做到沉默。王阳明笑道："你向一个天下最多言之人问沉默之道，真是笑话，殊不知沉默中也包含着三种危险。一种是疑而不问，蔽而不辨，这是最愚蠢的沉默；第二种是用不说话讨好别人，这是狡猾的沉默；第三种是怕被人看清底细，故作高深，掩盖自己的无知和无能，这是自欺欺人的沉默。"正如王阳明所说，遵循自己的内心，便是最好的状态。

还有一位叫周莹的浙江人，不远千里来向王阳明求教。称自己的老师只教自己学什么，而不教怎么学，所以他始终没有找到学习的方法。王阳明说："你已经知道学习的方法，别再来问我。"周莹不甘心，继续求教，王阳明便问，这次来滁州是否路途很长，是否一路辛苦。周莹承认辛苦，连仆人都累病了，自己还借了盘缠，才来到此地。

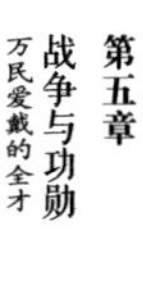

王阳明告诉他："你舟马劳顿，不辞辛苦，终于实现了愿望。这是谁教你的方法？不都是你自己的主意吗？既如此，你立志于圣贤之学，自然也会用这种方法去追求。现在还需要我教你方法吗？"

周莹听过之后恍然大悟：凡事听从内心的辨别，每一条路也要自己亲自去走，如此，才能开创出属于自己的道路。

第二节 但行此事，莫问前程

寂寞是无人相伴的旅程，是没有星光的夜空，它使空虚的人孤苦，使浅薄的人浮躁，使睿智的人深沉。

“心外无物”的王阳明，便正是如此耐得住寂寞之人。他深知，若要改变世界，必先改变自己；若要改变自己，必要磨炼内心。命运不会让王阳明的一腔抱负与一身才华空空消耗在马场之中。做了一段南京太仆寺少卿之后，朝廷再一次向王阳明抛出了橄榄枝。他被提升为南京鸿胪寺卿，虽然依然并无实权，但总算离开了马场，回到了权力的核心地带。

王阳明喜欢南京，那里灵秀的山川、宏伟的气象，以及昌盛的文学，都让他魂牵梦萦。他坚信，在那里教学，一定能创造出更大的成就。

南京鸿胪寺卿的职务，同样非常悠闲。白天，王阳明潜心公务；晚上，他则和好友们聚在一起，讲学论道。他讲学的声音，仿佛绕梁三日而不绝于耳的美妙歌声，缓缓穿过亭台楼阁，穿过宽街窄巷，在日月交辉之中，缓缓飘入人们的心灵。

学生徐爱，成了王阳明在南京办学的得力助手，虽然不到二十多岁的年纪便做到了五品官，但他协助起老师办学，却依然尽心尽力。王阳明只顾讲课，管理学生的事情一概交给了徐爱。当初从各地追往滁州的学生，又随着王阳明来到了南京，加之南京当地的学生也为数众多，不得已之下，徐爱只得让学生们睡在鸿胪寺的库房里。学生们都没有怨言，似乎与听到王阳明讲学相比，一切的艰苦看起来都是甜蜜。

人们越来越热衷于王阳明的学说，但大部分的人，只是将他的学说当作一定要追随的新鲜事物，很少有人能真的读懂学说中的精髓。朝廷没有想到，无论将王阳明放在多么偏远的地方，他的学说依然有无数人热衷，好在，朝廷也并没有强行打压，毕竟那只是一种属于个人的学说观点，也无法对朝廷造成什么威胁。

王阳明任由自己的学说和精神，在南京这片肥沃的土地上尽情流淌。时间不知不觉已经到了正德十年，按照明朝的制度，官员都要定期进行考察，四品以上的官员以自我陈述的方式，对自己的功过进行评定。朝廷自然也不会允许官员们自吹自擂，隐瞒过错，夸大功绩。凡是四品以上的官员，必定要将一份自我评定的内容交送都察院和吏部，两个部门按照评定的内容进行审核，一旦有隐瞒不报的过错被查出来，则按欺君之罪处理，从此，官便没得做了。

所有受查的官员，官阶都比都察院和六科高上许多，平日里难免遭到羡慕和嫉恨，每到京察，都察院和六科都会格外的认真，稍有纰

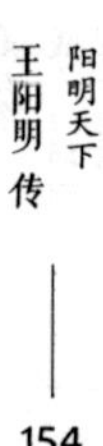

漏便会一查到底，生生地将有问题的官员拉下马来，为他们一直以来的嫉妒，找到一个释放的出口。

王阳明清楚，自己倡导的陆子学说，已经让朝中许多人都以自己为敌，这次京察，想必有许多官员等着看自己被查而出洋相。于是，兵法再一次被他派上了用场，一招“以退为进”，被王阳明应用得恰到好处。在自察之中，他先是蜻蜓点水般将自己所做的功绩表扬一番，接着又将对自我的批评轻轻一笔带过，最着重强调的，反而是自己被刘瑾陷害，贬官荒蛮的龙场，途中又遭到追杀，险些丧失性命，加上往来的路程，前后一共受了五年的苦。

王阳明的计策再一次收到了效果。他的遭遇是朝中官员有目共睹的，他说的一切也都属实，面对有着如此遭遇的人，即便是铁石心肠，也不忍心硬要从王阳明的身上挖掘出一些过错来。于是，王阳明有惊无险地度过了京察。

大凡耐得住寂寞的人，多半可以成就一番事业，在浮躁、功名、奢华、喧嚣面前，毅然保持着清醒和理智，平和与淡然的心态，潜心做事，便会走出一片属于自己的天空。

一向让人摸不着头脑的正德皇帝，似乎并不甘心于寂寞，他突然决定大力推广佛教，派遣太监刘允前往乌斯藏赍送贡幡，奉迎佛徒。内阁的大臣们强烈反对，王阳明也站在反对的队伍之中，他用一封两千多字的《谏迎佛疏》，表达了自己反对的想法，认为不能因为迎佛而增加百姓的负担。可让人难以捉摸的朱厚照，在王阳明还没有呈上这封奏疏的时候，就放弃了迎佛的想法。

一场原本以为会声势浩大的风波在无声无息中平息，通过京察的王阳明呈上了一封《乞养病疏》，称祖母年事已高，需要自己侍奉，自己的身体状况也不佳，希望日后有机会再回来报效国家。一切的一切，只为了说出最终的那个目的：请求致仕，也就是退休回家。

命运不会由所处的环境决定，而是全部取决于人们的所作所为。王阳明并没有在南京鸿胪寺卿的职务上耽搁太久，历史还有更重要的使命，需要他去完成。《乞养病书》呈上许久，却像沉入茫茫大海，杳无音信。无奈之下，王阳明只得返回南京，刚刚到达，朝廷的一纸诏书便到了他的手上，诏书上说，提升王阳明为督察员左佥都御使，到南赣汀漳等八府担任巡按。

第二节 战争里的心学智慧

时光越老，人心越淡，心总是在流年的烟火中先行老去，失去了曾经饱满的激情。或许，得到或失去，都是生命中寻常的章节，智慧，不仅在心里，甚至蕴含在一场轰轰烈烈的战争中。

正德十一年，王阳明带着朝廷的圣旨，到南赣一代走马上任。这一次，他有了为官以来最大的一片管辖范围：江西的吉安、赣州，福建的汀州、漳州，湖广的郴州府以及广东的韶州府。王阳明升迁到南赣，并不是由于皇帝对他的欣赏，而是因为他得罪了皇帝。南赣地区大部分都是山区，不仅环境恶劣，还有着最严重的乱民和匪患，许多匪帮凭着地理优势占山为王，连官兵都无法靠近。农民也乱上加乱，频频造反。长久以来的武官世袭制度，让朝廷的兵力大损，基本已经没有了战斗力，许多武官带起兵来，还不如纸上谈兵的文官。可惜文官大多只懂兵法，不懂实战，他们平日里高谈阔论，就盼着一场战争能让自己大显身手，可一旦动起真刀真枪，却往往一败涂地。

也许这正是王阳明的与众不同之处，兵部尚书王琼正是注意到了王阳明的不同，因此才力荐他到南赣担任巡抚。让人万万没想到的是，王阳明上任后不足半月，便向吏部呈上了《辞信任乞以旧职致仕疏》，言辞恳切地说出了自己不愿就任的原委："臣才本庸劣，性复迂疏，兼以疾病多端，气体羸弱，待罪鸿胪闲散之地，犹惧不称；况兹巡抚重任，其将何才以堪！夫因才器使，朝廷之大政也；量力受任，人臣之大分也。""伏愿陛下念朝廷之大政不可轻，地方之重寄不可苟；体物情之有短长，悯凡愚之所不逮；别选贤能，委以兹任。悯臣之愚，不加谪逐，容令以鸿胪寺卿退归田里，以免负乖之诛。臣虽颠殒，敢忘衔结！"

虽然字字恳切，但这却并不是王阳明的真实用意，虽说南赣巡抚确实让他有一展抱负的机会，但他却不想同胞之间互相残杀。可是兵部尚书王琼认准了只有王阳明才能解决南赣的诸多问题，对王阳明的辞呈坚决不应允。这是一场心理的较量，王阳明的辞呈递上去一个月之后，朝廷的圣旨下达，催促王阳明赶快去赴任，王阳明收到圣旨，不仅不去上任，反而又呈上了一封辞呈。这一次朝廷的回复比上次更快，不出半个月，王阳明便再一次接到了兵部的命令："地方有事，王守仁不许辞避迟误，钦此。"朝廷似乎已经失去了与王阳明周旋的耐心，他被逼到了悬崖边上。

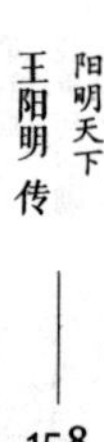

知行合一，心即是理，可是面对苍生大义，似乎一切心和理，都终将被一分为二。此时的王阳明，恨不能将踟蹰化作一壶老酒，痛饮下去，昏睡不醒，从此再不问世事。

徐爱担心王阳明如果继续抗旨，恐招来杀身之祸。他劝王阳明接旨赴任，日后再做打算。王阳明的担心并非无中生有，明朝镇压南赣之乱的军队号称“狼兵”，全部是从当地人中选拔出来的，狼兵素来凶狠，却又极能吃苦。朝廷拨给狼兵的粮饷不多，于是狼兵便借着剿匪的名义，在老百姓中打家劫舍。以至于百姓甚至觉得，狼兵比山贼更可恨，甚至还有百姓被逼入了山贼的阵营，成为山贼的内应，每当朝廷有任何风吹草动，山贼总是能早早得到消息。

虽说心即是理，但终究要“行”来检验。去与不去，成了王阳明的两难抉择。如去上任，则要与同胞间自相残杀；如不上任，任由狼兵妄为，受苦的依然是百姓。知而不行，终究只是未知。王阳明曾经说过：“求之于心而非，虽其言出于孔子，也不敢以为是之；求之于心而是，虽其言出于庸常，也不敢以之为非。”他是在用自己的解读告诉世人，只有自己的本心，是判断是非对错的根本，天地间诸事诸物，举凡纲常伦理、言行举止、成败荣辱，皆不出于我心。这便是王阳明日后所倡导的：“心之所发便是意，意之所在便是物。”正如口渴必然回去找水喝的道理一样。

王阳明摸着自己的心，拷问自己的良知，他说道：“不虑而知，不学而能，知是知非，戒慎恐惧，无间圣愚，古今相同。”这便是良知，浑然天成，也唯有良知，才能真正区分好人与坏人。王阳明早已悟出知行合一的道理，但是他也深知，要真正做到知行合一，简直难如登天。

王阳明再一次回想起当年在龙场时遭遇的磨难，自己无法改变环境，若想建功立业，必先适应环境，不违心地与所处环境达到契合。可悟出道理的王阳明，却依然无法让如今的大明朝发生一丝一毫的改变，官员依然妄为，百姓依然受苦，有人空有一身才学却无施展之处，有人头脑空空却身居要位。心中极度愤懑之时，王阳明曾经写下这样一首诗："举世困酣睡，而谁偶独醒？疾呼未能起，瞠目相怪惊。反谓醒者狂，群起环争斗。"

徐爱一直希望王阳明将自己的心学写入《传习录》中，却一度遭到王阳明的反对，他说："圣人之学为身心之学，要领在于体悟实行，切不可把它当作纯知识，仅仅讲论于口耳之间。"王阳明研究心学的初衷，并非著书立说，只是希望人人都能做到知行合一，便是他一生的夙愿。

或许很多时候，心会乱到无法控制，当生命中有太多不能接受的遗憾，人就会在满是阴霾和伤痛的世上迷失了自己，独自徘徊，左顾右盼，茫然无措。逾越本心便能逾越自己，通过对良心的拷问，王阳明忽然悟出："打家劫舍，祸乱天下，已非我民，合当诛之。"

说服了自己，王阳明马上动身向赣州进发。此行皆是水路，一路上，王阳明都在船舱中思索治理南赣的良策。不知不觉间，船已行至惶恐滩，王阳明的船正在缓缓前行，忽然见到前面许多商船停泊不前，一打听才知，惶恐滩附近来了几百个流贼，逢船便劫。

几百个流贼忽然激起了王阳明想要试一试兵法的欲望，他多年来

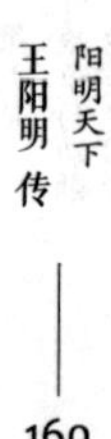

一直研习兵法，却始终没有用武之地，如今终于派上了用场。与流贼相比，王阳明的船上不过三十来人，却被他用一招“以少胜多”，赢得漂漂亮亮。

王阳明先是表明自己的身份，将商船召集在一处，让商人们掩盖好商号的标记，将商船伪装成军船，又让三十多个军校上岸，与商船遥相呼应。一切布置停当之后，船队按照王阳明排列的阵形，摇旗呐喊，声势浩大地朝着流贼的方向驶去。一群流贼看见船队靠近，起初还出言威胁，看到船队的声势着实浩大，顿时灭了气焰。本想四散逃开，却被派遣到岸上的军校统统拦截。无路可逃的流贼只得纷纷下跪，向王阳明禀告，说他们都是各处遭受饥荒的灾民，因土地受灾，官府却不救济，迫不得已才沦为流贼，乞求得到王阳明的垂怜。

王阳明看到眼前的流贼们各个面黄肌瘦，衣衫褴褛，见到众人如此可怜，他的气也消了许多。他对众人说道：“江西灾情，本院已知，定有妥善办法赈济。念尔等饥寒所迫，又是初犯，不予追究，就此各回其家，正当谋生，等候官府安顿。”

所谓的流贼，本就没想做太多犯罪之事，最多也就是抢了一些财物，见到官兵，早已吓得魂不守舍，听到王阳明对他们不予追究，立刻丢下手中的财物，纷纷逃散。一段插曲终了，王阳明乘坐着船只，继续向赣州驶去。

第四节 激烈最后一战

人生，原本就是一张张白纸组成的书卷，有心的人，用心书写，满卷花香，缤纷摇曳；无意的人，匆匆走过，一片荒凉，苍白寡淡。无论是繁华还是悲凉，欢乐还是忧愁，最终都会被历史的云烟遮盖，落满厚厚的灰尘，唯有那些如同星河般的人物，历经千年的风雨，依然在泛黄的纸页中闪闪发光，千古流传。

初到赣州的王阳明，要做的事情太多，再美的景色，此刻在眼中也只能被视为无物。可是一位书吏，却闯入了他的视线。曾经反复研习《周易》的王阳明，对面相也稍有了解。这名书吏的面相，怎么看都不像老实本分之人。他问书吏：“本院莅任不久，对本地民风民俗一概不知，可否教我？”书吏却用短短一句“不敢过问官家之事”搪塞了过去。王阳明早已看出书吏的圆滑，先是对他的态度表示赞许，可突然话锋一转，问道："这些年你向山贼送了多少情报，得了多少银子？"书吏继续装傻，摆出一副笑脸表示听不明白，王阳明大怒："你骗得了别人，却骗不了本官，生死由你选择，老实交代，不得隐瞒。"彻底被王阳明吓倒的书吏这才老实交代，根据他的供述，赣州城内外的山贼眼线终于被一一抓获。

抓获了山贼的眼线，王阳明不禁思索，如何才能避免百姓再次成为山贼的眼线？于是一条传世经典的法则便应运而生——十家牌法。他将十户人家编为一甲，每甲一块木牌，上面写着各家的籍贯、姓名、行业，每天一家轮流执勤，按照门牌逐家审查，如果遇见可疑之人，即刻报官，如有隐匿，十家连坐。这是一招狠棋，彻底将百姓与山贼隔离开来。接着，王阳明又在各城的牢头、捕快中挑选骁勇善战的能士，练就了一支精良的兵士队伍，为的是有朝一日代替狼兵。

有了兵士，自然需要钱饷，朝廷自然不会拨钱，王阳明将目光投向了盐商。他先是提高了盐税，接着又将税关设在了重要的关口，既使盐商无法逃税，也使地方官无法克扣税款。有兵有饷之后，战争自然无往而不利。

心战是一场光明与黑暗的碰撞，王阳明站在阳光之下，山贼则躲在黑暗之处。王阳明并没有贸然发起战争，他需要了解更多的信息，哪怕朝廷催得再急促，王阳明依然泰山崩于前而不形于色，他知道，执着的信念和无畏的心灵才是最强大的武器。当一切后顾之忧得到解决后，王阳明才将第一战选在了福建，攻打詹师富。

王阳明深知心战的战术，先攻打詹师富，是因为他实力最弱，首

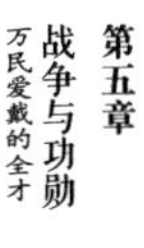

战告捷，对兵将士气的鼓舞，将起到至关重要的作用。王阳明早已看出，衙门口的算命先生中就有山贼的眼线，于是他故意找到算命先生，称自己要向横水、桶冈用兵，请先生一测吉凶。消息很快就在山贼之间传开，横水的谢志珊和桶冈的蓝天凤全力备战，福建的詹师富则彻底放松了警惕。

第二天，王阳明便派遣部下直接攻打到詹师富的地盘，猝不及防的詹师富大败，逃到了漳州象湖山。还没等王阳明发兵支援，福建卫指挥使便已派兵攻打，不想却中了土匪的埋伏。本以为乘胜追击的王阳明，却变成了派兵救援，虽然最终将土匪击退，但自己的队伍也损伤不小。急中生智的詹师富开始在城下挖坑设陷阱，官兵再一次遭受了不小的埋伏。各路军队商议，请调狼兵，王阳明用了一招“将计就计”，便轻松地摆脱了包袱。他先是假意向朝廷请调狼兵，让其他几路兵马先行撤退，他自己则带领精兵队伍，分作三路，趁詹师富松懈之时，一举捣入匪军内部。

官军们杀匪有赏，土匪们却毫无退路，起初还能负隅顽抗，可渐渐就没有了还击之力。王阳明虽是受命剿匪，可看到一个个活得好好的人，在刀剑之下变作一具具冰冷的尸体，难免心有不安，只得在心中默念：“卿本好人，奈何做贼？”

虽然匪军松懈失利，但却毫不示弱，战争打了一天一夜都没有分出胜负。眼见双方均已损失惨重，王阳明突然带着几千精兵从匪军后方突袭，让匪军陷入腹背受敌的境地。官军终于大败匪军，生擒了匪首詹师富。

一场战争，让两千六百多人丢了脑袋，五千多人丢掉了性命，一千五百多人成了官兵的俘虏，而官兵却只损失了二十三人。詹师富的匪帮被捣毁，让王阳明万万没有想到的是，整个山寨中，却只有与三十二两银子，就是为了这些银子，让七千多人白白地丢掉了性命，王阳明内心的悲愤已经达到了顶点，他二话不说，便将詹师富拖出帐外斩首。

无论怎样的结局，唯存于心间的是对心即理的坚持。王阳明打了胜仗，却只得到朝廷二十两白银的封赏。但他也不在乎封赏的多少，他真正想要的是更大的权力。他请求朝廷允许自己调度南赣的全部军队，并且不得限定自己作战的时间。内阁杨廷和虽然与王阳明素有恩怨，却出人意外地准了他的请求，王阳明终于有了一展抱负的空间。

他将二十五个士兵编为一伍，长官为小甲；两个伍为一队，长官为总甲；四个队为一哨，长官为哨长；两个哨为一营，长官为营官；三个营为一阵，长官为偏将；两个阵为一军，长官为副将。如果遇到战事，各军之间凭牌符进行调遣，所有的将官都由王阳明任命，并且只听命于王阳明，不受朝廷调遣。

这是一次划时代的创造，几百年后的大清朝，曾国藩和袁世凯也是凭借着王阳明创造的方法在战争中屡屡获胜。

一切言语都不如内心深处的信念坚定，人生不过是一次又一次的挑战，只要坚持，便能收获最好的结果。兵士操练完毕，王阳明即将打响第二场战争，这次他要攻打的目标是横水的谢志珊。在王阳明攻打詹师富期间，谢志珊曾经带兵偷袭安南，被安南知府打败，从此选

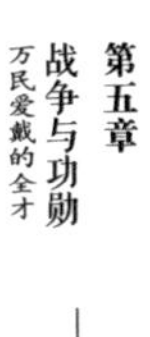

择以守为攻，也正是从那一刻起，王阳明坚定了攻打谢志珊的信念。虽然朝中的官员大力主张攻打桶冈的蓝天凤，可王阳明有他自己的想法："如果攻打桶冈，横水一定会去救援，这样的结果便是官军腹背受敌。朝廷一直主张攻打桶冈的消息，横水一定已经知晓，趁其放松警惕，必能一举攻破。"

由于担心横水周围的匪众会去营救谢志珊，王阳明还特意撰写了一篇《告谕巢贼书》，他深知土匪的心理，文中既有严厉的态度，又有通融的情理，哪怕是最冥顽不灵的土匪看到，也很难不被打动。王阳明这样写道：

"本院以弭盗安民为职，自从上任便常收到百姓对你们的诉状，说你们常年抢劫乡村，杀害百姓，来这里告你们的百姓，几乎一天都没有停过。我本想立刻派兵剿灭你们，可还有福建的詹师富等一干匪众等着我去剿灭。我本打算平息了福建的匪寇，再来剿灭你们。当击败詹师富，审理时我才得知，为首的土匪只有四十五人，他们的死党也不过四千余人，其余大部分土匪都是被胁迫的，于是我知道，你们的人当中也一定有被胁迫的。通过走访我知道，你们都是大家子弟，其中一定有明白事理的人，如果我不进行招抚就先去围剿，等于不先教导就进行杀害，日后我一定会后悔，所以如今派人向你们说明，比你们强大的匪众都被消灭了，不要以为你们人马多就可以尝试抵抗，不要觉得你们的匪巢地处险恶就一定能守住。

平心而论，如果骂你们是强盗，你们一定会生气，说明你们并不愿以这样的身份活着。既然讨厌强盗的名分，为何要以强盗的身份活着呢？如果有人抢夺你们的财物，凌辱你们的妻女，你们也一定会愤怒甚至报复。仔细想想，你们这样对待别人，别人难道不会恨你们吗？我知道你们之所以选择当土匪，都是被逼得走投无路才误入歧途，都是可怜人，只不过你们还没有悔悟，还没有走上正路。当初你们选择上山当土匪，是生人选了一条死路，你们却丝毫不畏惧，如今有机会改恶从善，等于是给死人一条生路，你们反而不敢走了。如果你们懂得弃恶从善，官府完全不必杀害你们。你们常年作恶，不把杀人当回事，从不肯轻易相信任何人，怎么会知道我对你们的良苦用心。我连一只鸡犬都不忍心杀害，如果轻易就杀掉你们，日后必有报应，殃及我的子孙。每当为你们考虑，我都夜不能寐，无非是想为你们寻一条生路。

但是如果你们冥顽不化，一旦我去剿匪，则不是我杀你们，而是天杀你们。如果说我没有杀你们的心思，那是骗人的，但如果说我是以杀你们为目的，那并不是我的本意。你们本来都是好人，都是朝廷的子民，朝廷就像你们的父母，如同一对父母生了十个孩子，八个都是好人，只有两个作恶，甚至要害那八个孩子。做父母的，怎么可能忍心杀掉自己的孩子，为了保全那八个孩子，迫不得已要杀掉那两个。如果那两个孩子弃恶从善，做父母的一定会原谅他们，这是父母的本心。

你们辛苦做贼，收获也并不多，甚至有人还吃不饱穿不暖，为何不将做贼的辛劳去务农或经商，过舒坦日子，而偏要每天这样担惊受怕？你们本可以在城市中自由地生活，在郊野中悠闲地游玩，哪用像现在一样，出门怕官府的捉拿，担心仇人的报复，在家中也担心被官府围剿，像鬼一样隐藏自己的行踪，一生劳苦，最终还要家破人亡。

你们好自思量，如果能听我的改邪归正，我便把你们当作良民，过往的罪行既往不咎；如果执迷不悟，我就会派遣狼兵和湖广的勇士，亲自带领大军围剿你们，一年剿不尽就两年，两年剿不尽就三年，你们财力有限，而官兵的财力无限，你们就算长了翅膀，也飞不到天外，最终难逃一死。

我其实并不想杀你们，但是你们让良民无衣无食，居无定所，连田地都被你们侵占，他们躲无可躲。即使如果你们是我，是不是也会派兵剿匪？该说的我已经都说了，如果你们还不听，便是辜负了我，而不是我对不起你们。你们都是我的同胞，如果一定要杀你们，我会非常痛心，写到这里，我的眼泪不觉已经落下。”

第五节 捷报传来

每个人的生活在别人眼中，不过是一个故事，而在自己眼中，则是真实的经历。王阳明让人与《告谕巢贼书》一同给土匪送去的，还有美酒佳肴和牛羊布匹。

见到王阳明的《告谕巢贼书》，有的土匪开始动摇了，而有的土匪却依然执迷不悟，匪首卢珂和郑志高便被王阳明的言辞打动，决定受降。为了考验他们受降的决心，王阳明派遣他们去攻打土匪陈曰能。卢珂果然完成任务，被王阳明重赏，并且将消息公之于众。一时间，不打算投降的土匪，纷纷以卢珂为敌，而卢珂也没了退路，彻底归降了朝廷。

王阳明的目的并不是真的要招降他们，而是希望他们不要趁火打劫。如今他的目的已经达到，一切安顿完毕，军队正式向横水进发。

横水的土匪头领谢志珊与其他土匪不同，他有着

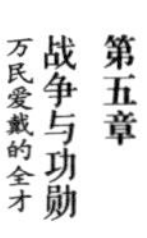

远大的抱负，自称征南王，四处结交义士，收买人心，将大量对朝廷不满的人士集结在自己的身边。听到王阳明准备攻打桶冈的消息，他虽然松了一口气，但还是精心布置寨中的机关，精心操练自己的匪众。

在一个满天星辰的黎明，王阳明率领的军队发起了进攻。让谢志珊没想到的是，王阳明买通了当初为谢志珊设计机关的木匠，进攻之时，官军巧妙地避开了所有的机关，势如破竹般攻入了谢志珊的大寨。起初谢志珊顽强抵抗，忽然远处传来喊声，称已经打下老巢，其实只是一些村野樵夫在虚张声势，可谢志珊的匪众听到后以为大势已去，纷纷逃散。谢志珊带领一些残兵逃亡桶冈，投奔蓝天凤。

心战才是战争的真实意义，王阳明并没有乘胜追击，除了深知“穷寇莫追”的道理，他还知道桶冈的地形易守难攻，确实像个木桶一样，四周尽是悬崖峭壁，官兵很难攀爬，即使勉强爬上去，山上的土匪用巨石就可将官兵轻易击落。

桶冈的土匪在蓝天凤的带领下，自己开荒种田，早已实现自给自足，即使被官兵困上十年，也不会饿死。与其硬改，不如招降。王阳明派去招降的人告诉桶冈的土匪，如有愿意投降的人，三日后统一出冈受降。桶冈的匪众大多愿意受降，而逃难至此的谢志珊却坚决不肯。王阳明买通了桶冈的一处关口，趁着众人不备，在夜晚一举攻入。桶冈的土匪们在战争中纷纷放下武器。眼看自己辛苦经营的山寨被官兵攻打得支离破碎，蓝天凤的内心再也无法承受这样的打击，从悬崖峭壁上纵身跳了下去。谢志珊虽然奋力突围，却无法如愿，冲入寨中的官兵将谢志珊捉拿。

几名最大的土匪头目被王阳明悉数捉拿，周边实力弱小的匪帮也纷纷归顺朝廷，唯有土匪迟仲容不甘心投降。他看过王阳明写的《告谕巢贼书》，却依然将信将疑，担心自己一旦归降，便会任由朝廷处置，到时可能依然不能活命。

可眼见其他匪帮已经被王阳明踏平，如今他的全部精力都将用在自己身上，想到这里，迟仲容还是有些忐忑。为了拖延时间，他一面派自己的弟弟迟仲安假意投降，为自己做内应，一面时刻准备着发起战争。王阳明一眼就识破了这破绽百出的伎俩，他带着“投降”的迟仲安去攻打桶冈，又派人带着牛羊美酒去迟仲容处等待他归降，说是等待，其实是监视。迟仲容假称自己练兵是为了防止土匪卢珂来犯，还派出自己的两名都督向王阳明复命。

王阳明假装大怒，把卢珂投入大牢，却偷偷派人告诉他迟仲安所说的话。两名都督回到迟仲安处，称卢珂在牢中日夜哀号，说迟仲容一直想谋反，因此不敢去赣州。他们劝说迟仲容亲自去赣州，官府一定会更加相信他。

迟仲容终于被说动，带着人马来到赣州。狡猾的迟仲容先是将九十多名人马安排在城外住下，自己只带着三名贴身护卫进入城中。他想得很周到，如果遭遇不测，自己随时可以带着大队人马逃回山寨。

王阳明假装不满，问为何不让“子民”们一同进城，难道是怀疑自己？无奈之下，迟仲容的军队只好受召进城，王阳明口中称他们为英雄，派人好生招待，还特意将他们安置在城中最大的祥符寺住下。

可迟仲容在寺中住得并不安心，他时刻惦记着重新回到山中。王阳明一再安抚，留他在城中过年，还特意派人送来过年的衣服和礼物。迟仲容的手下们见到礼物不够分，竟然为了争抢礼物打了起来。王阳明又派人道歉，说是自己想得不周到，请迟仲容将手下的名册写下，他将按照人头发放。迟仲容觉得有理，便将花名册交给了王阳明。

一行人趁着新年，好好在城中游玩了几天。可新年刚过，迟仲容便又来辞行。王阳明准许他大年初三返乡，还按照花名册给每人准备了新衣服和新鞋。初三一早，迟仲容便来辞行，王阳明派人带迟仲容的手下们去领赏，只将迟仲容留下谈话。王阳明先是嘘寒问暖，接着又赏赐礼物，最后便是赐酒相送。酒过三巡，迟仲容有些微醺，迷迷糊糊间便被衙役们捆绑到了公堂之上。王阳明坐在堂上审问，迟仲容却摆出一副大义凛然的样子，称自己如果遇害，兄弟们一定会为自己报仇。王阳明叫衙役将迟仲容绑到堂外，只见九十多个人头整齐地摆在地上，愤怒的迟仲容还想反抗，却被官兵在乱刀中结果了性命。

城中的一干匪众被全部剿杀，迟仲容也血溅当场。王阳明立刻集结了城中的兵力，连夜向山中进发，一群土匪猝不及防，被一举剿灭。自此，为患十多年的南赣之乱，被王阳明在一年之内彻底平息。

木秀于林，风必摧之，可有些大树，从立志成为秀木并顽强生长的那一刻开始，就注定了永不会被摧毁。王阳明深知人怕出名的道理，平息了匪患之后，便主动提交了一份告老还乡的辞呈。但这一封辞呈并没有得到官府的准许，反而将他的官阶升为三品，并允许其一子可以世袭锦衣卫千户。可惜，年近五十的王阳明膝下并无一子，也许上天知道，有如此智慧的人，世上无须太多。

王阳明用成绩换来了百姓的尊重与热爱，当他从剿匪的前线返回赣州时，沿途焚香迎拜的百姓，站满了一条又一条街道，甚至有人要为王阳明建立生祠。但王阳明心里清楚，他虽然希望百姓世代过上安安稳稳的日子，可难保匪患不会再次冒头。唯一的办法，便是彻底对当地的百姓进行教育，建立起百姓的良知。正所谓“破山中贼易，破心中贼难”，王阳明决定将“十家牌法”彻底执行下去。

生命是一种冒险，追随我心，又带着一点冒险精神，一些对命运的容忍和豁达，便能一路走下去。升官后的王阳明，在南赣颁布了《南赣乡约》，从军事训练到政治教育，从婚丧嫁娶到道德陶冶，制定了一整套的制度，规定全乡人民共同遵守。这是南赣人民平安富足的根源，只要按照乡约中规定的制度执行下去，这里的思想便会得到开化，人民的良知便会被唤醒。

无论官阶再高，王阳明永远摆脱不掉的，便是自己的先生的身份。无论走到哪里，他都要在当地修建一座书院，作为自己的讲学之地，即便身为南赣巡抚时也不例外。当他扫平南赣匪患的消息散布开来，学子们纷纷不远千里从各地赶来，只为亲耳听一听这位传奇英雄的亲口授课。在偏僻的山城赣州，王阳明奠定了一生的功名，学生们在这里继承了他的衣钵，甚至发扬出三个学派，他对仙家、圣家与佛家的评说，甚至被学生们在后世引为经典。

天地万物都是在良知的发动运用当中，没有任何事物能够超然于良知之外，成为良知的障碍。每位到书院听课的学生，都会得到两本书，分别是《古本大学》和《朱子晚年定论》。这两本书均出自王阳明之手，他力求还原《大学》的本来面貌，与朱熹改动的《大学》叫板。王阳明又将朱熹晚年说过的一些与心学观点相一致的言论整理出来，这便是《朱子晚年定论》，用朱熹自己的话去攻击他提倡理学的观点，也许只有王阳明才能想出这样的办法。

徐爱将王阳明的语录整理成了一部《传习录》，初衷是效仿孔子的《论语》，为的是让后世的学生能够领悟到王阳明思想的精髓。可惜，在《传习录》问世之前，年仅31岁的徐爱便悄无声息地离开了人世，这一切正印证了他当年梦中的场景，老和尚说："君与颜子同谋，却与颜子同寿。"王阳明在极度的悲痛中接受了徐爱的死亡，徐爱是他心灵的寄托，虽然学生众多，但唯有徐爱能清晰地领会王阳明的一言一行。他本以为，只有徐爱能继承自己将来的衣钵，然而，一切皆为虚幻，王阳明的智慧，终究只能靠后人通过他的著作来进行猜测。

谋略与智慧

第六章

踏上新的征程

第一节 风起云涌的帝王之乱

人类所创造的一切都在变化之中，都将成为历史的遗迹，只有一样东西是永存的，那便是智慧。只有智慧是永恒的能源，它像一双永不折损的羽翼，背负着人类飞向美好的天堂。

一个王朝从创立而至中兴，中间必将经历无数次战争，而最为激烈也最为惨痛的，往往是皇室内部的战争。哪怕是像明朝的开国皇帝朱元璋那样步步算计，依然没有算计到六百年之后，他的子孙后代将经历怎样的皇室争端。朱元璋刚刚建立大明朝之时，将皇子朱权封为宁王，属地为位于边陲内蒙古的大名城。许多年后，朱权亲眼看着自己的四哥朱棣将外甥朱允炆赶下王位，其中也少不了他的作用。

当初朱棣许诺，天下与他平分，但以反对削藩的名义夺下皇位的朱棣，登上皇位之后做的第一

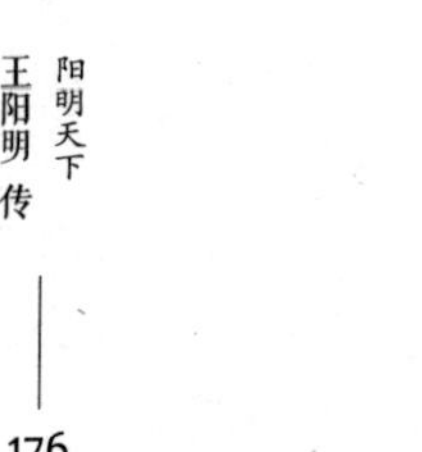

件事情，偏偏就是削藩，而第一个削的，恰恰就是在登基时助自己一臂之力的宁王朱权。眼见平分天下早已化为一场梦境的朱权，请求朱棣让自己离开条件恶劣的内蒙古，转去江南繁华的苏州或杭州。这看似小小的要求，却被朱棣一口回绝，朱权带着脑海中的那句承诺，被朱棣赶往了江西南昌，曾经的誓言如同飞灰般烟消云散。被严密监控起来的朱权，表面是风光的宁王，其实不过是一名衣着华丽的囚徒，他只能一边向晚辈讲述当初被欺骗的经过，一边郁郁寡欢地了此残生。

每位朱权的子孙，都被他在身体里埋下了复仇的种子。朱权的玄孙朱宸濠，虽然比朱权小了整整一百岁，但在祖祖辈辈对皇帝的控诉下，他那颗不安分的心蠢蠢欲动。虽然按辈分，正德皇帝朱厚照是朱宸濠的侄孙，但皇帝面前不论辈分，只论尊卑。在皇帝面前，朱宸濠永远是那个卑躬屈膝的宁王，这样的日子，他过够了。年近三十的朱厚照没有子嗣，更加给了朱宸濠一个想要登堂入室的借口，他做了几十年的皇帝梦，如今愈发地强烈。刘瑾的执政，似乎让朱宸濠看到了能让自己当上皇帝的一线曙光。没有心机的正德皇帝，同样也没有治国的能力，为了让大明朝的江山更加稳固，朱宸濠在心中鼓励了自己成千上万遍，他告诉自己，他可以比朱厚照做得更好。他一面打造兵器，积蓄粮饷，一面用重金将刘瑾拉到自己的阵营。

老天似乎有意让朱宸濠经历从希望到失望的巨大落差，刚刚见到的一线曙光，随着历史之门向他狠狠地关上，砰的一声又变成了一片黑暗。掐灭曙光的人，正是他努力拉拢的刘瑾。随着刘瑾的倒台，朝中的大臣似乎嗅到了朱宸濠的风吹草动，在御史们的参劾下，朱宸濠的护卫队被取消了。在宁王开始打造兵器的最初，朝廷生怕万一，曾经取消他了他的护卫队，但在刘瑾的努力下，护卫队一度被恢复。随着刘瑾的倒台，他造反的希望变得更加渺茫。

生命的历程就是这样讽刺，刚看见了一盏希望的灯光，黑暗的风暴马上就会降临，覆盖了希望。人们总是在梦中希望，却在现实中失望。经历了一次失望重创的朱宸濠，渐渐学会了低调做事，他将赌注压在了两个文人身上。也许。从投下赌注的那一刻起，就注定了他日后的失败。

这两个文人分别是李士实和刘养正。一个是被罢官的御史，一个是志大才疏的举人。不甘心碌碌一生的两个人，似乎将朱宸濠当作了自己发迹的机会，一番口舌之谈，就让朱宸濠对二人深信不疑，将他们封为了自己的左右丞相。朱宸濠也许是被失望冲昏了头脑，所以将希望放在了鄱阳湖的盗贼和江西的地方官身上。虽然李士实和刘养正二人不断地煽动这些人策反，可盗贼们似乎并不买账，江西的地方官甚至还将朱宸濠策反的消息，直接传到了朝堂之上。虽然朱宸濠的一举一动都在朝廷的监视之下，可不断努力寻找机会的他，终于用重金买通了吏部尚书陆完。凭借着自己在朝中的权利，陆完不仅将参劾朱宸濠的奏折全部扣下，还再一次恢复了朱宸濠的护卫队。

似乎已经打点好一切的朱宸濠终于准备发难了，但他的一腔热血却突然被刘养正的一盆凉水兜头浇下。刘养正告诉他，想要成事，

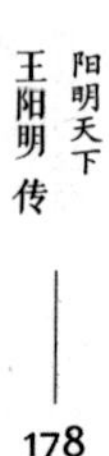

还要拉拢一个人，那个人，便是南赣巡抚王阳明。朱宸濠不知道的是，王阳明早就已经注意到了他的不轨行为；而王阳明不知道的是，在他之前，历任的江西巡抚，如果不肯跟朱宸濠合作，不是被他暗害，便是被他想方设法赶走，以致朝中官员谈江西色变，没人敢来江西做官。

江西巡抚孙燧是王阳明的同乡，朱宸濠或明或暗地收买了他多次，都被他婉拒于谈笑间。收买人心不成的朱宸濠，为孙燧送来了一个礼盒。孙燧打开一看，发现礼盒中赫然放着红枣、鸭梨、生姜、芥末四样东西。看似完全不搭边的四样东西，实际是在提醒孙燧“早离疆界”，但这反而让孙燧的信念更加坚定，只要自己在位一天，就绝不能让朱宸濠造反的计谋得逞。

王阳明的到来，让孙燧看到了一丝希望，两位好友静观其变，只等待朱宸濠揭竿而起的那一天。

但王阳明还没有迎来朱宸濠造反，倒先迎来了朱宸濠的两位说客——李士实和刘养正。他们先是夸赞了一番王阳明的丰功伟绩，然后又称赞他讲学的事迹，还告诉王阳明，宁王朱宸濠想拜入王阳明的门下，做他的学生。王阳明却一笑置之，不为所动。他反问两位说客：“宁王怎么可能舍得丢掉爵位，来做我的学生？”两位说客见王阳明不肯，索性直接将话题引入了正题：“皇上总爱出巡，不爱打理国事，这样怎么行？”一面说，一面抛出引诱之词：“世上难道就没有商汤和周武王一样的人才吗？”王阳明见话已说明，便说：“商汤和周武王也需要有伊尹和姜子牙那样的人来辅佐。”

没想到两位说客还不死心，说道：“有了商汤和周武王，还怕没有伊尹和姜子牙吗？”王阳明依然淡定自若：“即便有了伊尹和姜子牙，还需要有伯夷和叔齐那样的忠臣来保卫国家。”

眼见游说不成，两位说客便要告辞。毕竟宁王还是皇室成员，王阳明虽不能擅离职守亲自去为宁王讲学，但可以派学生代替自己。于是他派去了自己的弟子冀元亨，私心想着，如果宁王果真存心造反，还可以让冀元亨去打探虚实。一入南昌，冀元亨便发现宁王想要造反的消息果然不是谣传，可是地方官却丝毫没有干预的迹象。朱宸濠对冀元亨好生招待，冀元亨也不客气，对好吃好喝的一概来者不拒地享用。

朱宸濠决定试探一下冀元亨，便拿着一本《西铭》，要他为自己讲解。冀元亨抛开书中细节，反复为宁王讲解“君臣大义”与“时事利弊”，明里暗里都在告诫朱宸濠放弃造反之心，安心做自己的宁王。在冀元亨那里依然没有得逞的朱宸濠，索性把冀元亨打发回了赣州，王阳明也从而了解到朱宸濠造反的心意已决，终有一天他将与正德皇帝朱厚照兵戎相见。

世间的亲情，无须用太多的文字加以点缀，轻描淡写读不出那份味道，更享受不到那份深深的触及永恒的爱。此刻，王阳明的亲情，都用在了惦念祖母的心意上。已过百岁的祖母，最后的遗愿便是见到孙子一面，刚刚平叛了南赣匪患的王阳明便将一纸辞呈递到了朝堂之上。见到王阳明的辞呈，内阁首府杨廷和很高兴，他向来不喜欢王阳明，如果他此番离去，等于拔掉了一颗眼中钉。吏部尚书陆完同样高兴，王阳明是朱宸濠造反的最大隐患，作为朱宸濠的同党，他当然希望扫除朱宸濠造反之路上的一切障碍。有人高兴，必定有人不高兴。不高兴的人是兵部尚书王琼，是他将王阳明举荐到赣州担任巡抚，日后江西如若再有叛乱，还要仰仗王阳明去平叛，因此他自然不希望王阳明就此辞官。灵机一动的王琼心生一计，他听说有人煽动福建的士兵哗变，正好借此机会，将王阳明派去福建，如此一来，王阳明请辞的计划彻底被打灭，带着朝廷的任务，他从赣州登上了去福建平叛的航船。

第二节 踏上无畏的征途

往事染双鬓，世事浮云；多少少年事，都付瑶琴。本以为可以就此放下，谁料征途未完，只得在通往晨曦的道路上，一路捡拾黎明。在那个悠远的角落，只有自己知道，心中仍然坚守着亘古不变的梦想。

王阳明的征途未完，他即将去福建平叛所谓的士兵哗变。得知王阳明要离开江西的消息，宁王朱宸濠似乎再无忌惮，不仅大力赶制兵器，甚至打死了江西都指挥使戴宣。可即便阵仗闹得如此之大，正德皇帝朱厚照还依然沉浸在舒适的美梦中毫不知情，因为围绕在他身边的，早已经全部是朱宸濠的人，每个人都在竭尽全力地替宁王说好话。好话说得多了，正德皇帝反而起了疑心，正好都察院御史萧淮对朱宸濠的反叛行径进行了参劾，一向以玩乐为生的正德皇帝终于意识到事情的严重性。在与内阁大臣们进行几番商讨之后，正德皇帝决定暂时按兵不动，看准机会再削了宁王的藩，让他手中再无兵权。

此时的宁王，正在筹备自己43岁的生日宴，虽说王阳明的离开为他解决了造反之路上的最大障碍，但只要王阳明活在世上一天，便是他一生的隐患。于是他决定除掉王阳明，机会就在自己的生日宴会上。王阳明临行之前，接到了宁王朱宸濠大寿的请柬。

极少听说世上有一帆风顺的圆梦旅程，实现梦想，如同独自一人穿越大漠，跋涉过连绵的山峰，蹚过冰冷的河水，即便如此，也可能失足坠入山崖，一无所获。

宁王朱宸濠一直幻想着，自己的圆梦之路能够走得无比顺利。在他生日那天，江西的大小官员纷纷带着礼物前来贺寿。虽然宁王想要造反的消息已经人尽皆知，但面对宁王的邀请，谁也没有推脱的理由。每个官员的心，自始至终都提在嗓子眼，生怕此去再无归期。

宁王寿辰的排场很大，一夜歌舞升平。众位官员的心，随着袅袅的乐声渐渐放下，因为四周都是一派祥和的景象，丝毫没有策反之前的异动，他们甚至觉得，是他们多虑了。按照惯例，藩王寿辰宴席的第二日，前日参加的人员要前来答谢。这一次的气氛与昨天相比，似乎有着天壤之别，众人刚一进门，便被层层重兵围了起来。

朱宸濠并没有动武，反而一脸愁容地告诉众人："太后告诉我，如今的正德皇帝朱厚照，并不是孝宗的亲生儿子。当初的太监李广，不知从哪里抱来一个野孩子，冒充先皇的龙种，天下之人都被整整欺骗了十四年。太后刚刚向我发来密旨，要我速速起兵，讨伐朱厚照，驱逐正德皇帝。"

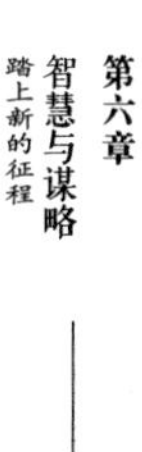

根本没人相信他的鬼话。人人心里清楚，朱宸濠编出这样的谎言，无非是为了让自己造反师出有名。可与朱棣相比，这个“名”实在是编得不够高明。当年朱棣起兵靖难的借口，是“朝无正臣，内有奸恶，必训兵讨之，以清君之恶”。这是一个高明的借口，他让众人以为，一切的起因，是一位叔叔要发兵拯救自己遭受小人蒙蔽的侄子。即便是几年前造反失败的朱寘鐇，也是打着诛杀刘瑾的称号发兵进京，相比之下，朱宸濠的谎言，实在是有些难以服众。

孙燧厉声叱问：“太后的诏书在哪里？你若拿不出，便是谋反。天无二日，民无二主，你要自寻死路去谋反，我不会陪着你殉葬。”说着便向宁王扑去。一旁早有人将孙燧死死按住，面对死亡的威胁，孙燧再一次大声怒喝：“你能杀我，天子就能杀你，你这反贼，将来必定被碎尸万段。”恼羞成怒的宁王，将孙燧押出门外，斩首示众。按察副使许逵、布政司参议黄弘、马思聪坚决不肯随宁王造反，也惨死在宁王府中，其余的官员都加入了朱宸濠造反的阵营。

这一年是正德十四年（1519 年），也是农历己卯年，而朱棣起兵靖难的那一年，同样也是己卯年；朱宸濠已经做了整整二十年宁王，当年起兵靖难的朱棣，也同样做了整整二十年燕王。朱宸濠即将年满 43 岁，登上皇位的朱棣同样也是 43 岁。这一切的巧合，被朱宸濠视作上天的旨意，可即便如此，他依然忧心忡忡，因为虽然解决了大部分官员，但有一个人还没到，身边这些官员全部加起来，也许还比不过他的一人之力，这个人，便是王阳明。

虽然曾经在山中修道，王阳明也并没有算出宁王心里的真实想法。

接到宁王寿辰的请柬，他本打算准时赴约，谁知船行到吉安，左副都御使龙光突然告诉王阳明，他的官印被遗忘在了赣州，无奈的王阳明只得在吉安停留，派下属回赣州去取官印，如此一来，便耽搁了行程。

宁王寿辰的第二天，王阳明赶到了丰城，这里距离宁王的驻地南昌只有一百多里，他本想继续向前，可丰城知县顾佖将南昌昨日发生的一切悉数告诉了他。王阳明感叹，短短一天之内，竟然有如此之多的忠臣义士死于非命，国家很有可能就此陷入危难。冷静思考后，王阳明忽然恍然大悟，宁王如此精心布局，想杀的并不是别人，正是自己啊。龙光误将官印遗忘在赣州，却在无意间救了自己一命。老天将自己留在世上，也许正是为了拯救天下苍生。

宁王朱宸濠深知，如果王阳明站在自己一方，那等于是如虎添翼，夺取皇位根本不在话下。可如果王阳明与自己为敌，凭借他只用一年半的时间便扫平南赣匪患的实力，自己将拥有一个非常强大的对手。他早已计算好，王阳明本应在自己寿辰当日到达南昌，可等了几日，也不见王阳明所乘的官船靠岸，朱宸濠不仅思索，难道是王阳明在路上遭遇了什么不测？可无论如何，只要一天不见王阳明的尸首，朱宸濠便不能安心。他派遣鄱阳湖的水盗凌十一，率领二十条战船，沿赣江南下四处搜寻，不见到王阳明，誓不罢休。

虽说水盗出身的凌十一也是个亡命徒，但追杀王阳明的任务，他却有些不情愿。这并不是因为他仰慕王阳明的名气，而是因为从南昌到吉安，一路都要由北向南逆水而行，船员们顶着风向奋力划行，划了许久也走不了多远。也许是上天想要捉弄一下凌十一，正在船员们长吁短叹的时候，风向竟然调转了，呼啸的北风吹着凌十一的船队飞速前行，没过多久，他眼前便出现了一艘大船。

这条船正是王阳明的官船，喜不自胜的凌十一，带着随行的兄弟们声势浩大地登上了面前的大船，他让兄弟们挨个房间搜寻，一定要活捉王阳明。没过多久，一个兄弟便来禀报："王阳明捉住了。"被兄弟们带到凌十一面前的人，确实身着官服，头戴乌纱，可仔细分辨，根本不是王阳明。一群人在船中继续搜索，可依然丝毫不见王阳明的影子。凌十一向眼前这名官员逼问王阳明的下落，将刀架在他的脖子上才得知，王阳明故意让他穿上自己的衣服，自己换上了便服，早已乘着小船离去。

朱宸濠本以为王阳明在路上耽搁了，但依然是向着南昌的方向行进，但他万万没有想到的是，王阳明竟然调转船头，驶回了吉安。笨重的官船无法快速行进，为了防止被宁王的亲兵赶上，王阳明带着邑从登上了路过的一艘小渔船，只在官船上留下了一个官员。凌十一不敢追到吉安，只让眼前的官员脱下王阳明的官服，拿着一身官服悻悻地回去交差。

王阳明虽然在阴差阳错间保全了自己的性命，可却再也无法与孙燧等忠臣义士把酒言欢，畅谈一身的抱负。也许，英雄注定是孤独的，孤独，是一种美丽的忧伤，好似一杯清酒，无法醉人，可人们却总是被它浓郁的味道迷醉。无须弄墨渲染，它总能击中人心中最为柔软的地方，令人愁绪万千，直至令英雄落泪。没人能说清孤独究竟是一种什么滋味，也许酸甜苦辣尽在其中，紧紧地萦绕在人们心上。

第二节

战场上的『知行合』

月有阴晴圆缺，人有旦夕祸福。人们就生活在这个福祸相依的世上，活着便是一种修行。短短几个字，很深邃，很沧桑，也很沉重。都说大难不死必有后福，没人说得清，王阳明的后半生算不算有福，可人人都知道，如果世上没有了王阳明，很可能就是另外一番模样。

那天深夜，宁王朱宸濠的亲兵没有捉住王阳明，因为他已经赶到临江。起初登上小船逃生时，船家知道他们是宁王要抓的人，无论如何不肯开船，他找出各种不开船的借口，先是因为来的时候是顺流而下，如今折返等于逆流而上，船行进起来十分吃力；接着又说风向不对，来的时候是北风，如今是南风，逆流加上逆风，船根本无法开动。听到船家的话，王阳明放低姿态，跪在船上向天祷告：“皇天在上，

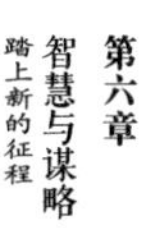

如果哀悯生命，允许我王守仁匡扶社稷，拯救黎民百姓，那就请马上改变风向吧。如果想要帮助逆贼，让天下生灵涂炭，那我愿意现在就跳水自杀，不再偷生。”王阳明将一番话说得声泪俱下，在场之人无一不为之动容。

正在伤感间，一阵北风吹起，船上的旗帜向北方猎猎飘扬，王阳明认为果然是上天有灵，马上命令船家开船。可是任何理由都无法说动一个不想走的人，船家又将天色作为借口，说太晚了，船行不便，过了一晚，天亮之后才能开船。哪怕再好的脾气，此刻也无法容忍船家的无理取闹，王阳明当下拔出宝剑架在船家的脖子上，告诉船家，如果再不开船，他的一颗人头就要落地。船家从没有见过这样的阵势，马上乖乖地开了船，一路驶到了临江。

王阳明登岸之后，本想向临江知府戴德孺借轿伞一用，可是听说王阳明到来，戴德孺仿佛见到了救星，苦苦挽留他多待几日，希望他坐镇临江，像平叛山贼土匪那样，顷刻间让宁王的叛军灰飞烟灭。就这样，戴德孺硬是将王阳明拉到了自己的府邸。

王阳明并没有轻易应允，而是坐下来与戴德孺分析利弊。他告诉戴德孺：“临江之所以叫临江，是因为紧靠江边，水军可以借助江水，轻易地攻打到岸上；临江又离宁王所在的南昌很近，部队朝发夕至，根本没有时间去修建工事；临江又是南北的交通要道，四通八达，无山无树，没有任何天然屏障，留在这里抵抗，完全是在做无谓的努力。不如我回到吉安去调兵，你留在这里日夜防守，一旦宁王那边有任何风吹草动，也好及时向吉安通报。”

戴德孺想与王阳明研究宁王下一步的动向，王阳明却说：“这一切都要看宁王的造化。如今摆在他面前，有三条路可走：

第一条是上策，如若宁王此刻发兵直打京师，恐怕我们任何人都难有胜算，因为宁王如今士气正盛，朝廷会被他打得措手不及，大明朝很可能就这样落入宁王朱宸濠的手中，只是，宁王未必有这样的魄力。

第二条策略只能算中等，如果他选择攻打南京，控制住大江南北，如此即便不能打下天下，也能占据江南最繁华富庶的地带，这是最稳妥的方案，朱宸濠如果真的这样做，我们则还有翻身的机会。

第三条便是下下策，如果他选择据守江西，我们轻易便能将他击溃。四面八方的兵马马上会将宁王围困，他便只有死路一条。

如今我们最应该做的，便是想尽一切办法，将宁王留在南昌城内。”

一番话将临江知府戴德孺说得心服口服，只是话虽有理，他却不知道该如何让宁王留在南昌。王阳明又将自己与生俱来的用兵头脑发挥到了极致，他找戴德孺借来纸笔，提笔效仿朝廷的公文写道：“奉朝廷密旨，已预料宁府将反。现两广总督、湖广巡抚以及两京兵部已分别出师，埋伏于要害地区，望各地方官员听从号令，配合伏击叛军事宜。”接着，他又让人将伪造的公文誊写多份，让许多人携带着这封伪造的公文，每日在南昌城中走来走去。王阳明则动身返回赣州搬取救兵。

人生如白驹过隙，不过数十载，在淡然的时光里享受平凡的生活，便能感受人生无处不稳妥。可偏偏有些人，要在静好的岁月中掺杂一

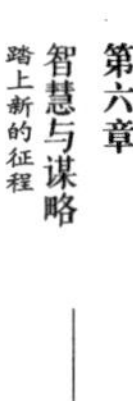

些凌乱。

宁王派去的凌十一没有捉住王阳明，只拿了一身官服来交差。宁王怒火中烧，对王阳明的恨意又加深了一些。可山高路远，又捉拿不到，宁王只得将一腔怒火发泄到了战争中。他派兵占领了南昌附近的九江和南康，两座城中的守将并没有与宁王对战，见到宁王的士兵到来，便主动投降了。如此，南昌、九江、南康三座城池如同犄角般冲着赣州方向，宁王心中的胜算又多了一分。

朱宸濠并非像王阳明想的那般没有勇气，他果真想借着首战告捷的势头直奔京城，让措手不及的正德皇帝朱厚照将皇位让给自己。或者听从两位军师的建议，夺取南京，借着南京的资源号令天下。无论选择任何一个方式，也许历史都要从此被改写，明朝也许不会被大清朝取代，抑或者早早就灭亡了。可是历史并没有给朱宸濠坐上皇位的机会，他的生命中有着一个与生俱来的羁绊，这个羁绊便是王阳明。

朱宸濠筹措好了兵力和船只，只等合适的时机从南昌出发。偏在这时，士兵来报，说捉住了一个探子，从探子的身上搜出了一封信，信封上的署名是“提督两广军务都御史杨旦”，可没有人知道，这封信的出处竟然是王阳明。此刻宁王的手中拿着这封伪造的公文，被文中的每一个字深深地震慑着。他以为朝廷果然已经知道了他即将谋反的消息，他也相信朝廷派出的四十八万狼兵已经在赶赴江西的路上，他更加相信的是，一旦行动，他们马上便会被格杀勿论。宁王惊呆了，动与不动，似乎都无法让自己有一个妥善的结果。

他的谋臣李士实似乎比宁王更有头脑，他怀疑这是王阳明的计策，

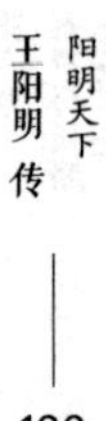

希望宁王抓住谋反的最佳时机，即刻出兵攻打北京或者南京。可公文中的内容让宁王信以为真，他真的以为官军马上就要对他采取行动，因此迟迟不敢出兵。虽然他认为李士实说得有理，却也想拖延几天，观察一下朝廷的动静。王阳明的缓兵之计收到了成效，而宁王却从此错过了造反的最佳时机。

生活总会让人品尝到其中的五味，却很少有人做到把它当成生活的馈赠，从此坦荡从容，不卑不亢，勇敢地笑对人生。宁王没有这样的勇气，一封意外发现的公文，已经让他紧紧按捺住部队，迟迟不肯出兵。反而是李士实和刘养正这两位谋臣比他还急，二人商量后决定，还是要与朱宸濠面谈，催促他尽快出兵。可一到王府，迎接他们的，却是朱宸濠本人，和他手中拿着的一封由兵部发出的密函。

密函中说道："命许泰、古勇率兵四万，从凤阳出发；刘辉、桂勇率南直隶官军四万从徐淮出发，水陆齐发。又命王守仁领兵两万、杨旦领兵八万、陈金领兵六万，分道夹攻南昌。兵部已经知道，朱宸濠准备离开南昌，出兵南直隶，命各部务必缓慢行军，切忌打草惊蛇，只等宁王离开南昌，即刻乘虚猛攻，断其后路。"兵部的大印赫然印在密函之上，让人不得不信。

刘养正和李士实正在犹豫间，一名妇人走入府内，正是李士实的妻子，也正是她发现了这封密函。据李士实的妻子讲，吉安府的伍文定将其一家抓去，绑在战船上，本是想将他们作为人质来威胁宁王。伍文定还让手下将一封密函缝在衣服中，再三叮嘱一定不能走漏风声。她正巧看到这一情景，伍文定的下属便要杀她灭口，却被伍文定制止，称杀害女人不吉利，必遭报应，如此才放了她。也正是因为她，他们才抓住了两名送密函的“奸细”。据两名“奸细”交代，伍文定派二人带着密函，正是要交给李士实和刘养正二位，他们看了这封信，一定会念及多年的旧情，弃暗投明，在宁王府中做伍文定的内应。还没等李士实和刘养正为自己辩解，宁王便派人将二人投入了大牢。

又过了几天，似乎反应过来的宁王，觉得也许自己是冤枉了两位谋臣，于是又将二人从大牢中放了出来。如此，三个人又聚在一处，商量着尽快发兵攻打南京。

第四节 一条蜿蜒的巨龙

人生如一条淙淙流淌的长河，既有平静，也有波澜壮阔，既有峰峦叠嶂时一泻千里的壮丽之美，也有走过一马平川时迂回柔情的安详。人之心，原本像一潭池水，应该清澈见底、平滑如镜，可以映照出世界的本来面目，但是，原本清静如水的本心，却因外界的干扰而新生波澜，一条蜿蜒的巨龙，不安心蜷缩在狭小的池水中，它跃跃欲试，期待着一飞冲天的一刻。

即便是巨龙，在腾飞时也需要一双巨翼的配合。王阳明的巨翼，便是伍文定。他是王阳明的学生，虽然不归南赣巡抚管辖，但也一心系在帮助老师平定叛乱上面，宁王从两位“奸细”身上发现的那封“密函”，正是出自王阳明之手。在伍文定的衙门里，王阳明写下的，不止这一封密函，他还分别向自己统辖的八府一州的官员们写了一封信，要他们火速带兵前往吉安，等待自己的调遣，讨伐即将反叛的宁王。

然而这些也不是王阳明亲笔信的全部，写完给官员们的信，王阳明马上提笔向朝廷汇报平叛的现状："陛下在位一十四载，屡经变难，民情驿骚，尚尔巡幸不已，以致宗室黠才谋动干戈，冀窃大宝。且今天下之觊觎者，何特一宁王！天下之奸雄，岂直在宗室？兴言及此，悚骨寒心。昔汉武帝有轮台之悔，而晚期节奠安；唐德宗奏天下之诏，而世民感泣。陛下宜痛自克责，易辙改弦，罢黜奸谀，以回天下豪杰心，绝迹巡游，以杜天下奸雄之望，则太平尚有可图。臣民不胜幸甚！"字字句句如血泪般劝导与恳求，每一个字都清晰地透露着王阳明必死的决心，无论自己是战死沙场，还是因为这封信惹恼了皇帝，被皇帝处死，只要能换得天下百姓的太平，王阳明认为都是值得的。

多年的"知行合一"的实践，让王阳明养成了一个良好的习惯——遇事绝不冲动。他并没有把这封奏折直接呈给皇帝，而是上交到了兵部尚书王琼手中。当时正是他苦苦挽留王阳明，要他去福建平叛，如今，到了真正要平定内乱的时候，只有他才能给自己最大的支持。王琼果然没有让王阳明失望，一接到奏折，他立刻就将五府六部的大臣召集起来，商讨平叛宁王的对策。然而并非所有官员都如同王琼一般有着保卫朝廷的决心，有些人已经被宁王收买，另一些人则畏惧于宁王的势力，面对众人的犹豫不前，王琼大呼："竖子素行不义，今仓卒作乱，自取灭亡。"接着，他又颁布了平叛宁王的几条法令：

"其一，削夺宁王朱宸濠王爵，正名为贼，公告天下。如若有人擒获朱宸濠，则被封为侯爵；

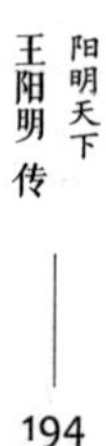

其二，将京城内朱宸濠的同党捉拿归案，其中以朱宁、臧贤为首；

其三，责令江西、湖广、南直隶、浙江各路兵马，据守要塞，随时出动，配合南赣巡抚王阳明的兵马；

其四，将安边伯许泰封为总官，统领京军，又令江彬、张忠、魏彬、张永随军，前往江西讨伐朱宸濠。”

一个人要像云水般自然宁静，就要拥有一颗宁静的心，像磐石、大地一样，无畏与外界的洗礼，才能拥有真正的刚正不阿的平常之心。

人们本以为王阳明是在赶往福建赴任的路上正巧发现了宁王的叛乱，却没人知道，王琼将王阳明派往南赣，本就是为了预防宁王造反，他知道，王阳明能够创造奇迹，而王阳明也果然没让他失望。

在临江驻守了一段时间，王阳明依然不急于出兵攻打宁王，反而是他的学生伍文定急了，劝王阳明出兵，王阳明却教他懂得示弱的道理。这是王阳明兵法中的一招——“诱敌出洞”。在他赶往临江之时，他用计让宁王留在南昌城内，如今，一切准备就绪，他需要再次用计，让宁王主动离开南昌，向临江出兵。

伍文定不懂老师的谋略究竟是何含义，王阳明继续向他解释：“如果宁王当初直接攻打南京，凭借他刚刚起兵的士气，很可能无往而不利，屡战屡胜，轻易将南京攻下。如果这样，我们想再去打败他，则是难上加难。而如果将他拖在南昌，兵士的士气就会因此而搅乱，军心也会动摇，利用这段时间，我们也刚好能够召集兵马，毕竟吉安府的兵力有限，如果没有他人援助，很可能一击即溃。”

听到这里，伍文定似乎理解了一些，可他依然不明白，为何如今

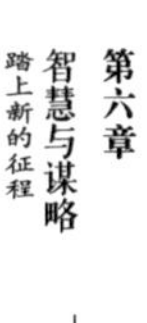

到了让宁王发兵的时刻。王阳明再次讲道："虽然我们已经集结了兵力，但与宁王的兵力相比，还是微不足道。如果硬拼，很难取胜。但是如果我们不动，宁王会觉得我们被他的兵力所震慑，他的信心会再次膨胀，从而出兵攻打南京。如此一来，南昌的兵力必然薄弱，我们趁此机会猛攻南昌，宁王担心自己的后路被断，必然派兵返回来救。这样，我们并不用过于奔波，而宁王的军队却会在一住一返之间消耗掉大部分精力，此时我们的胜算就会大很多。即便宁王此时已经攻打下南京，但他也不会舍弃自己的家乡。我们只需要等待，便能迎来胜利的一刻。"

果然正如王阳明所料，宁王朱宸濠上当了，自从见到第一封"密函"，他便只顾着留在南昌，担心朝廷派出的狼兵来犯，可是苦等了半个月，依然没有见到任何风吹草动。宁王毕竟不是愚蠢之辈，此刻他已经醒悟，这些都是假象，猛然惊醒过来的宁王终于决定向南京出兵。他让自己的三儿子和四儿子带领一万兵马驻守南昌，自己则带着长子和谋臣、武将，统领着十万精兵、数百艘战船，一路向南京进发。

欲到南京，必先路过安庆，这是此次出兵的第一站，也是第一个重要关口。谋臣们劝朱宸濠不必攻打安庆，应该直接向南京挺近，可朱宸濠膨胀的自信心却让他吃了第一个大亏，他认为安庆对自己构不成威胁，只要派人去劝降，就一定可以拿下。他再一次低估了朝廷官员的心术，虽然安庆知府张文锦与宁王派去劝降的官员潘鹏是同乡，但张文锦却丝毫不买账，不仅拒绝投降，还将潘鹏的人头砍下，挂在了城墙之上。也许张文锦也懂得战争即是心战，他打算先扰乱朱宸濠的内心，就派人写了许多辱骂宁王的条幅挂在城墙上，又派出士兵轮番对宁王进行辱骂，污言秽语，极其难听。朱宸濠果然被激怒了，他决定派兵猛攻。可布防严密的安庆，让宁王苦苦攻打了七天，也没有丝毫进展。张文锦的目的达到了，他就是要将宁王困在安庆，让他去不成南京。

正在宁王苦战不下之时，王阳明已经带兵赶到了南昌，十三路士兵将南昌团团围住，只是留了一条出口用来给宁王报信。听到王阳明领兵二十万攻打南昌的消息，宁王的心如同放在烧热的铁板上一般煎熬，南昌是他自幼生长的故乡，他怎么能弃之不顾？他决定退兵营救，谋臣们极力劝他，只要攻打下南京，南昌便微不足道，可宁王的两个儿子还在南昌驻守，他怎么能对自己的亲生骨肉置之不顾？他决定，放弃安庆，返回南昌。

没有平常而淡定的心，就体会不到生活的真谛，不珍惜平常的人，也就不会创造出惊天动地的伟业与荣耀。王阳明的策略，便是搅乱宁王的内心。在出兵之前，他定下了如下战略：第一通战鼓响起，所有的士兵都要兵临城下；第二通战鼓响起，所有的士兵都要向城墙上爬；第三通战鼓响起，所有的士兵都要攀上城楼；第四通战鼓响起，战争就要结束，如若此时还没有达成任务，立斩主将。还有一条是重中之重，队伍不听命令的，斩队将；队将不听命令的，斩副将；副将不听命令的，斩主将。

天亮之时，便是攻城之时，王阳明号称二十万的精兵，其实只有两万，并且盔甲和武器都不够精良。可是第一通鼓响，这群装备不佳的士兵们却拼了命地向城墙处跑；第二通鼓响，士兵们在城墙上架起了云梯，用尽全力向上爬，城中的士兵们这才反应过来，向城墙下面扔下巨木和巨石……爬墙的士兵们倒下一批，便又上来一批，在第三通鼓响起之前，活下来的士兵们已经全部爬上了城墙，一座座城楼被王阳明的士兵占领，宁王的叛军，只留下了尸体。第四铜鼓还没有响起，战争便已经结束了，官军们通过放下的吊桥纷纷冲入城中，仅仅半天工夫，南昌城已经彻底被官军占领。还没等官军杀入宁王府，那里就已经变成了一片火海，原来是王府中的女眷担心名节受辱，集体放火自焚，而宁王的三儿子和四儿子并未死于火海，而是被官军俘虏。

第五节 决战鄱阳湖

人的一生来去匆匆，过程中会经历多少无可奈何，邂逅多少恩恩怨怨，几十年后，一切终都会烟消云散。曾经一心想要抢夺的，也终将化为过眼云烟。

从出兵到打下江西省府，王阳明只用了不到一天的时间，一场大火烧尽了宁王朱宸濠曾以为最稳固的根基，曾经投靠与他的官员们在大火面前重新回归朝廷。王阳明并未责罚，只是安抚，因为他们的本质并不坏，只是迫于宁王的胁迫，不得已成为他的同谋。王阳明懂得对生命的敬畏，杀人，并不是最好的处罚方式。大明朝还需要这些人做一些事情，只要他们肯悔改，就一定可以戴罪立功。

王阳明也知道，宁王朱宸濠一定不甘心于忍受这样的失败，他一定会找准机会，以求狠狠地报复。王阳明一向遵从知行合一，可此时，他的身体和心灵却

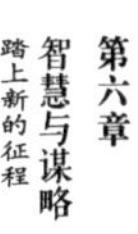

陷入了两难。如果留在南昌城中，等待宁王的反扑，南昌必将重燃战火；如果主动出击，将宁王的军队拦截于半路，虽然可以保住南昌城不再受战火的波及，可要拦截住宁王，必定通过水路，这正是王阳明的弱项。他从未打过水站，并且军中没有一艘战船，有的只是商船和渔船，与战船相比，它们看起来是那么不堪一击。当身体与心灵相违背，如果顽强的意志能让心灵占得上风，那么成功，就只是个时间问题。王阳明的心灵赢了，知行合一再一次完美融合，他决定，主动出击，哪怕以弱攻强，也能打击宁王的士气。

家是避风的港湾，哪怕在外漂泊再久再苦，一声乡音也能消除一身的疲累。宁王朱宸濠不可能忍受自己的家乡被他人占领，他带着自己的船队用最快的速度向家乡的方向返程，可是刚走到鄱阳湖西面的黄家渡，便被王阳明用渔船和商船临时拼凑成的队伍拦住了去路。朱宸濠恨不得亲手砍下王阳明的头颅，可此时，他只能凭借他有限的谋略，思考王阳明接下来的一举一动。

此时正值七月，在一百多年前的那个七月，鄱阳湖上曾经发生过一场惨绝人寰的战争。朱元璋与陈友谅的部队，在鄱阳湖上决战了整整三十六天，鲜血将河水染成了红色，也铺就了朱元璋登上皇位的路程。但并不是每一个朱家人都有着如此好运，也并不是每一个朱家人都能遇上容易打败的对手，而朱宸濠此时面对的对手，就是不可战胜的王阳明。

朱宸濠不敢鲁莽出击，他了解王阳明是个足智多谋的人，在搞清楚他的战术之前，自己能做的便是防止王阳明的偷袭。他派了几百艘

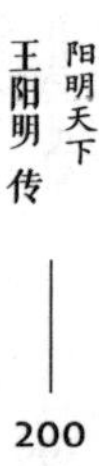

战船组成船队，每日在宽广的湖面上来回巡游，又派土匪出身的凌十一、闵廿四在大本营周围巡逻。果然，在一个深夜，他们发现了一队“偷袭”官兵。巡逻的队伍朝着官兵的方向猛发了几炮，几艘“偷袭”的船只随着炮声的余音迅速下沉，落水的士兵在水中发出凄惨的哀号，可在宁王的部队听来，这似乎是世界上最美妙的声音。还没有被击落的船只掉头撤退，巡逻的士兵们打算乘胜追击，紧紧地跟在官军的身后。就这样一路追出了十余里水路，可“落荒而逃”的官军却依然将宁王的部队不远不近地甩在身后。

本以为能趁势大获全胜的宁王军队，被一声炮响从幻想中带回了现实。还没有看清眼前的情形，从四面八方冒出来的小船，顷刻间就将宁王的船队分成了三段。战船的优势随着官军登船肉搏的一刻荡然无存。凌十一在战争中丢掉了性命，闵廿四却有幸逃了出来。

一场本以为能大获全胜的战役，却让己方损失了一万多士兵，宁王愤怒了，他找来李士实和刘养正，想听听他们的退敌策略，谁知两个一向号称谋臣的人，给出的唯一策略便是弃船逃生。宁王再一次愤怒了，事已至此，哪里还有退路，他能做的，只有用重金犒赏勇士，准备发起与王阳明最后的决战。

宁王将战船用铁索连在了一起，浩浩荡荡地向王阳明的渔船、商船队伍发起了猛攻。几艘小船在战船的炮火下沉没，伍文定的船也被一颗炮弹击中，燃起熊熊大火。伍文定的头发和胡子被大火烧焦，身上冒着缕缕白烟，却依然坚定地举着宝剑，指挥部下进攻。见到伍文定如此阵势，没有人敢轻言撤退，连老天似乎都在冥冥之中助他们一臂之力，原本一路顺风顺水前行的宁王船队，忽然被调转的风向阻挡住了脚步，而王阳明则趁着风向逆转，派出几艘小船，将宁王的船队团团围住。小船上满载着浸过油的芦苇、干柴和硫黄，士兵们将芦苇和干柴点燃，齐心协力向战船扔去。风势助涨了火势，很快，连成一片的战船便被烧成了一片火海。

宁王的军队被大火彻底打乱了阵形，士兵们顾不得打仗，只顾着逃命。王阳明的军队随即赶来，用钢刀一个一个地结果掉叛军的性命。对付朱宸濠本人，也许不需要动用武力，只需要一点小小的心战，便能轻易取胜。开战之前，王阳明让人做好了一批小木牌，"免死牌"三个大字，赫然刻在木牌的正面，背面刻着几行小字："宸濠叛逆，罪不容诛，胁从人等，弃暗投明。手持此牌，既往不咎。"在激战正酣之时，王阳明派人将小木牌放入河水中，让其着河流向宁王的方向缓缓漂去。士兵们放下武器，纷纷跳入河中，去抢夺那块能让自己保全性命的免死牌。见到此情此景，朱宸濠知道，大局已定，他输了。远处的官军，大喊着"活捉宁王赏万金"的口号，朝自己的方向而来，他早已预料到自己的下场，可当现实到来的一刻，却依然让人无法接受。

生命中有太多无法抹去的回忆，此刻的朱宸濠，多希望能重新回到那些温馨动人的场景，身边围绕着别样的暖，置身在醉人的恬静中。然而，一切都回不去了，船外的阵阵喊杀声才是现实。眼看着身边的侍卫和女眷一个个死去，朱宸濠多想就此了断残生，如果地下有灵，对他们亲口说声对不起。可是逃生的欲望在危难关头占领了他的思维，他独自逃上一只小船，却因为不会划船，迟迟逃离不出险境。眼见前面有几艘渔船，以为自己抓住了救命稻草的宁王赶紧大声呼救，对“渔民”表明了自己的身份。“渔民”们将宁王搭救上船，还没等他坐稳，几名士兵便用绳索将他牢牢地捆了起来。

三天可以做些什么？是读一本书，还是学一首歌？即便是在科技发达的今天，三天的时间似乎也无法对世界作出太多改变。可在几百年前的大明朝，王阳明只用三天便完成了鄱阳湖之战，生擒宁王，从此改变了历史的步伐。

说来可笑，经历了大小几次的战役和无数的心战，王阳明与宁王朱宸濠终于才见上了第一面。也许从王阳明没有赶上宁王寿宴的那一刻，便注定了宁王今天的失败。他向王阳明请求，将身边的护卫削去，把自己贬为庶民。从国法考虑，起兵反叛者必定人人得而诛之；从家法考虑，同是皇室宗亲，却要谋害自己的亲人，想让自己登上皇帝的宝座，无论从任何一处考虑，朱宸濠似乎都难以活命。

也许是终于认清的现状，朱宸濠放弃了求生的欲望，他只求王阳明能找到娄妃的尸体，将她厚葬。这位娄妃，便是王阳明的忘年交娄一斋的亲生女儿，娄一斋掐指间能洞悉世事，却没有算出女儿如今的下场。王阳明答应了宁王的请求，将娄妃的遗体安葬在湖口，百姓称之为贤妃墓。

此时的王阳明，百感交集。战胜胜利的激动与失去故人的悲切，其中也掺杂着对宁王失败的哀悯，种种复杂的情绪只能通过一种方式表达，那便是写诗，他在《鄱阳战捷》中写道：

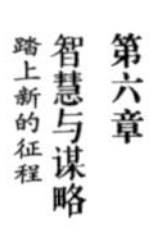

甲马秋惊鼓角风，旌旗晓拂阵云红。

勤王敢在汾淮后，恋阙真随汉江东。

群丑漫劳同吠犬，九重端合是飞龙。

涓埃未尽酬沧海，病懒先须伴赤松。

宁王大势已去，王阳明在短短数日内让一场本可能大肆爆发的叛乱平息，他向朝廷奏报了战况，却将从宁王府中搜出的一个大箱子烧为灰烬。箱子中装的，尽是与宁王私通的大臣与宁王之间的往来信件，王阳明不想揭发他们，只想用此举唤醒他们的良知。

我用君子心待天下人，只求天下人不负我。可是天下之众，又有几人能真正不做出让人寒心之事？

第六节 南昌城里的故事续集

人的一生，要活得轻松洒脱，一定要将一切不该记住的东西统统忘掉。显赫与平庸，不过是世人附加给自己的定义，没人知道究竟有没有来世，能拥有这一生，便是幸运。

遇到王阳明，是朱宸濠一生中最大的不幸，而有着朱厚照这样一个皇帝，不知道是不是整个大明朝的不幸。擒获宁王后，王阳明将战况写在奏折中，派信使送往京城，没承想，走到半路，竟被拦截了下来。拦截奏折的人是许泰，他率领着军队正赶往平定叛乱的前线，可战功竟然先被王阳明这样一个文人抢了，他心中不悦，决定捉住信使，将王阳明胜利的消息封锁起来。

与许泰一同出发的，还有大明朝的皇帝朱厚照。明朝的皇帝不能随便出京，朱厚照做了十五年的皇帝，

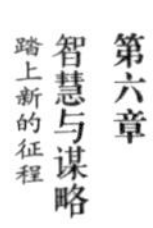

从来没有下过江南。这一次，他要打着平定叛乱的旗号御驾亲征，到江南去感受一下身为皇帝极难享受到的自在。他带着十万精兵和将帅，一路骑马，从京城赶往江西。

八月骄阳似火，一行人每日暴晒在阳光之下，即便是能走到江西，恐怕也没有了力气打仗。大臣们建议皇帝放弃陆路，改走水路，可以免掉一些舟车劳顿之苦，也许是皇帝也受不了每日暴晒的苦，便欣然应允了。

听说正德皇帝要御驾亲征的消息，王阳明赶紧再写一封奏折，希望皇帝为了安全留在京城，自己则押解着宁王朱宸濠向京城出发。行至半路，听说皇帝率领的军队早已出发，又气又恼的王阳明，只能用一首诗，表达自己此刻的心情：

一战功成未足奇，亲征消息尚堪威。
边峰西北方传警，民力东南已尽疲。
万里秋风嘶甲马，千山斜日度旌旗。
小臣何尔驱驰急，欲请回銮罢六师。
千里风尘一剑当，万山秋色送归航。
堂垂双白虚频疏，门已三过有底忙。
羽檄西来秋黯黯，关河北望夜仓仓。
自嗟力尽螳螂臂，此日回天在庙堂。

正德皇帝一行人已经就快走到扬州，想要阻止他们并不是容易之

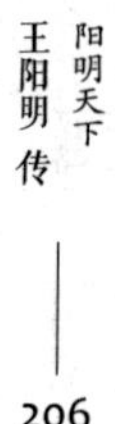

事，尤其是皇帝身边有人煽风点火，王阳明的平叛之功转眼就变成了多事之举。许泰对皇帝说：“如今全天下人都知道皇帝带着十万兵马御驾亲征，如果就这样回去，岂不是成了带着十万兵马外出游玩？”听了此番话的朱厚照，更加觉得自己并没有让王阳明平叛，他却将宁王活捉，实在是有些多余。许泰更是在一旁添油加醋，竟然让皇帝将宁王放掉，再亲自与他大战一场，亲自活捉，这样正德皇帝便会在历史上留下丰功伟绩。而皇帝竟然同意了。

每个人都会做梦，有人的梦是理想，有人的梦是梦想，可正德皇帝朱厚照的梦，简直就是妄想。

王阳明押解着朱宸濠即将到达杭州，没想到半路竟然遇到了锦衣卫，他们带来了皇帝的指令，要王阳明即刻将宁王押送回南昌，放回鄱阳湖，等“朱寿”大将军赶到后再进行捉拿。王阳明知道，这位朱寿大将军，就是正德皇帝朱厚照本人，如此荒唐的决定，也只有他才能做得出来。王阳明认为，不能由着皇帝的性子来，可又不能公然抗旨。正在犹豫间，第二天，锦衣卫再一次上门，催促王阳明尽快将宁王押送回南昌，却依然没有得到王阳明的允诺。

打发走了锦衣卫，王阳明也陷入了深深的思考，如果一直抗旨不遵，自己很可能也不会得到好下场。考虑再三，他决定到杭州，去太监张永的府邸求见。张永派人阻挡，说自己不在，王阳明哪管这些，硬是推开了大门，闯了进来。他开门见山地对张永说：“江西的百姓已经饱受战乱之苦，再加上天灾折磨，如果皇帝还要到江西与宁王再战一场，百姓们恐怕又要被逼上山当劫匪了。”

张永伺候皇帝多年，深知皇上的脾气，如果王阳明不将宁王放归鄱阳湖，让皇帝再抓一次，他是不会善罢甘休的。他想劝王阳明按照皇帝的意思去做，没想到王阳明竟然请求把宁王和一干从犯交给张永，让他转交给皇帝。人人都想居功自傲，而王阳明却轻易将自己生擒的战俘拱手送人。张永欣然同意接纳宁王，王阳明至此才终于长舒一口气，一个隐患终于被转交出去。

王阳明终于可以休息了，他住在净慈寺中调养身体，张永果然也依着他的意思，将宁王交给了皇帝，而皇帝却丝毫没有回京的打算，准备在扬州玩够了之后，再将宁王放回南昌，到时再与他大战一场。为了防止王阳明阻挠自己，皇帝还颁布了一道新的诏书，任命王阳明为江西巡抚，即刻到任。如此一来，王阳明不得不再一次返回南昌。

正德皇帝还没有玩够，他派出许泰和张忠带着两万精兵，先去南昌扫平宁王的余党。这两万人成了南昌城最大的祸害，并没有太多宁王的余党给他们抓，他们整日里只负责吃喝玩乐，栽赃陷害，一个不顺心，就会给人扣上宁王余党的帽子，有钱的人家动辄被敲诈勒索，没钱的人家只能被抓到军营去挨打。连王阳明的学生伍文定和冀元亨，也被当作宁王的余党抓了起来。

欲加之罪，何患无辞，伍文定的罪名是身为吉安知府，长期留在南昌，一定是图谋不轨；冀元亨的罪名则是出入过宁王府，为宁王讲过课。二人每天遭受酷刑，不堪折磨。王阳明再三交涉，却只救出了伍文定一人，冀元亨依然被关在牢中。

为了安抚不堪忍受官兵折磨的百姓，王阳明下令让所有青壮年都躲起来，自己还经常去军营中探望官军，并为他们带去礼物，还告诉百姓，要好好招待这些从北京来的兵士，渐渐地，官兵们也不好意思对老板姓过多刁难。转眼新年将至，王阳明又宣布在城内举行祭祀活动，家家户户挂起白幡，悼念自己在战争中死去的亲人。北京的兵士见到这样的气氛，也不禁开始思念家乡。

人最强大的部分不是体魄，而是心灵。王阳明深知，从心灵上瓦解对方，比任何武器都更加管用。许泰和张永知道，王阳明又在搞心战，他们决定将他请到军营中好好羞辱他一下。他们虚情假意地称赞王阳明英明神武，又提出比试射箭。王阳明执意不肯，许泰索性定下赌注，如果王阳明胜，他们立即撤军。王阳明纠缠不过，只得应允。许泰和张永各发三箭，全都稳稳地射中箭靶。一向弱不禁风的王阳明，看似连拉满弓箭都费力，可他竟然将第一支箭准确无误地射入了靶心。接着又同时拿起两支箭一起发射，两支箭一前一后地射中靶心，随着箭声的消失，士兵们爆发出一片欢呼，既是替王阳明庆祝，又是欢呼自己终于可以回家了。

一年一度的新年如期而至，每一个人的心灵在这一时刻都能得到极大的温暖，像温顺的羔羊，又像熟睡的婴儿，每个人都希望新年有好运降临。王阳明却不知道他面临的是好运还是厄运，因为他又接到了皇帝的诏书，让他即刻赶去南京。正德皇帝在扬州玩够了，将下一站游玩的目标定在了南京。按照皇帝的意思，王阳明将自己之前呈给朝廷的《擒获宸濠捷音疏》进行了修改，将自己在战争中的作用淡化，大大强调了大将军“朱寿”在战争中的作用。皇帝终于心满意足，他决定，再与宁王大战一场之后就返回京城。

宁王朱宸濠已经被正德皇帝囚禁了一年多，不明就里的他突然被放了出来，还被人穿上了一身崭新的盔甲，又给了他一支长枪和一匹马，还没有回过神来的宁王，只能看到周围站满了全副武装的士兵，迎面一匹快马跑来，骑在马上的，正是正德皇帝朱厚照。朱厚照只轻轻砍了一刀，朱宸濠手中的枪就断成了两截，简单几下，已经衰弱不堪的宁王就被打落马下，很快被塞进囚车，押送回北京。

回京的路上，途径淮安，正德皇帝突然冒出了乘船到河中打渔的念头，正开心间，小船突然在水中翻船，正德皇帝意外落水，随行人员赶紧将皇帝救上岸。也许是落水受了凉，也许是受到了惊吓，正德皇帝落水后染上了严重的肺病，不到半年的时间，年仅 31 岁的正德皇帝朱厚照竟然离开了人世。去世前，他留下遗言，要自己最喜欢的妃子、大臣和太监陪葬，曾经在皇帝身边作威作福的一干人等，就这样被皇帝带入了地下。如果世上真有因果报应，也许这是最好的例证。

第七节 看透一切的大圣

事情看透，就知道如何前行；人情看透，便明白如何相处；看透的人，处处都是生机，看不透的人，处处都是困境。放得下的，处处都是坦途，放不下的，处处都是迷途。

平叛宁王的战争，消耗了王阳明太多的时间，如今岁月更替，王位易主，他终于可以静下心来重操旧业，开堂讲学。王阳明在南昌开办的学堂，门生络绎不绝，可他最欣赏的学生冀元亨还在牢中受苦，王阳明的一颗心总是牵挂在他身上。从被贬到龙场开始，冀元亨就一直追随王阳明左右，虽然在牢狱中受尽了折磨，他也从未说出半句冤枉老师的话。王阳明想了无数办法，求了许多官员，始终也未能将冀元亨救出监牢。直到正德皇帝驾崩，嘉靖皇帝即位，冀元亨才终于得以重见天日。可牢狱中的折磨已经彻底摧毁了冀元亨的身心，出狱仅仅五天，他便得了疟疾，不治身亡。

冤案可以警醒世人，却无法唤醒每个人的良知。没有人去关心一个不能为自己带来丝毫利益的人，朝廷甚至不肯拨给他一点点抚恤。一个冀元亨，让王阳明更加看透了世间人情的冷漠，冀元亨的死，也成了他一生中永远的痛。

官场似乎留给了王阳明太多的遗憾，唯有教学才能为他的心灵带来莫大的安慰。人们都喜欢王阳明的讲学方式，他喜欢将深奥的道理通过比喻的方式，让人们更容易听懂。他将良知比作主人，私欲比作奴婢，如果主人重病卧床，奴婢便会出来作威作福；如果主人病愈，奴婢又会重新听从使唤。也许是曾经的修仙经历给了他灵感，他又将良知比作掌纹，虽然每天都能看见，如果想要将细微之处看得明明白白，还需要不小的功力。

即便如此比喻，还是有人不明白良知究竟为何物，正巧一次遭贼，给这名学生上了现实的一课。一天深夜，王阳明正在为弟子讲学，忽然听到门外一阵骚乱，有人大声喊着捉贼。不一会儿，官差将捉到的小偷押进门，交给王阳明发落。借着这个机会，王阳明对学生说："我将这个人的良知找出来，你们就懂得什么是良知了。"他要小偷当着众人将衣服脱下，小偷虽不情愿，但却害怕遭到严惩，只得依言行事。脱了一件，王阳明便要他接着脱下一件，一直到只剩下一条内裤，小偷无论如何不肯再脱了。王阳明威胁要打他，小偷说："哪怕是杀了我，也不能再脱了。"王阳明告诉学生，这便是良知。从情感上讲，良知是羞耻之心；从理性上讲，良知是是非之心，即便是这样一个小偷，虽然遭受一时的蒙蔽走上了错误的道路，但心中却依然残存着一丝良知，如果能将自己的良知发扬，与圣人也没有什么分别。

良知本来就来自本心。好人与坏人，不过是良知上的分别。好人就是心上的渣滓少一些，障壁少一些，良知比别人更加清澈；而坏人不过是心上的渣滓多一些，障壁厚一些。不过，这些心中的渣滓，都是可以去掉的，坏人也可以变成好人。

王阳明始终尊崇心即是理，正所谓“人皆有是心，心皆俱是理，心即理也。”知与行，原本就是一回事，即便知道了道理却不去做，就不能叫作真知。王阳明曾经说过：“知是行的主意，行是知的功夫；知是行之始，行是知之成。”在陆九渊提出的心学基础上，王阳明又进行了自己的扩展。他一直替陆九渊鸣不平，虽然与朱熹生活在同一时期，可后人将朱熹的理学奉为经典，却将陆九渊的心学弃之如草稗，王阳明决定为陆九渊做些什么。陆九渊的家乡在抚州府金溪县，正好是王阳明的管辖范围，他要求陆九渊的后人也同朱熹的后人一样，免除差役的职责，还可以送去当地衙门开办的学堂读书。

雁过留声，人过留名。人们总是在不同的环境中留下自己的足迹，也会从小有才华到逐渐显露出名声。经历了贬官、升迁、平叛、讲学一系列事件的王阳明，早已经成为远近闻名的人物，登门想要听他讲学的人，如同过江之鲫。每到一个地方，王阳明都会成立自己的书院，开堂讲学，却唯有江西，成了王氏心学的真正发源地。他的学生数量之多，也许只有孔子才能与他一较高下，不同的学生对王氏心学有着不同的解读，光是在学生中的派别，就有七个之多。其中最值得称道的是江右学派，这个学派中最出名的人物，非邹守益莫属。

与王阳明在会试中经历的坎坷不同，邹守益的考学之路走得一帆风顺，他 17 岁便已经成了举人，又在四年之后的会试中成了第一名会元，殿试中又高中第三名，成了翰林院的一名官员。也许一切在冥冥中早已注定，当年将邹守益评为会试第一名的，正是王阳明。虽然有着如此深厚的渊源，两人却在七年以后才有了第一次见面。对程朱理学同样产生怀疑的邹守益，特意去赣州拜访王阳明。一见如故似乎不足以形容邹守益当时的感受，与王阳明的一番畅谈，让他彻底了解了“知行合一”和“知行并进”的真正含义。有一种人，第一次见面，便有让人想拜他为师的冲动，王阳明就是这样的人。经过这次畅谈，邹守益对王阳明佩服不已，当下就决定拜他为老师。

继徐爱和冀元亨之后，邹守益成了王阳明身边最重要的学生。嘉靖五年，邹守益还与刘邦采共同成立了“惜阴会”，专门为世人宣讲王阳明的学说。当自己的老师王阳明离开人世之后，为了将他的学说发扬光大，邹守益还与薛侃、钱德兴等人在杭州筹办了天真书院，专门传播王学。十年之后，他又与程文德共同建立了复古书院，他十分认同王阳明所说的“申论师说而不疑，述其师说而不杂”。

所谓名利，便是有人愿意为之一争高下。王阳明的学说成了天下大势所趋的学说，自然有人为了争论谁才是王门的正门正派争得不亦乐乎。除了江右学派，王阳明门下的泰州学派，也是一个重要的分支。

王阳明在南昌讲学时，一位从江苏泰州来的自称王银的人求见，

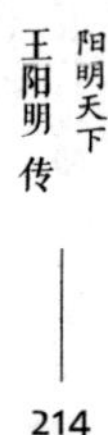

每日来拜访王阳明的人络绎不绝，多见几个人早已被王阳明视为家常便饭。可是这次，求见的人却迟迟不肯进来，他告诉门卫，见不到王阳明，无论如何不会进中堂。王阳明心下诧异，更加好奇来的是怎样一个人，便亲自到门口迎接。眼前的王银着实让王阳明吓了一跳，他的帽子几乎高入云霄，长长的衣带如同仙女一样随风飞舞，双手端着一个几乎和帽子一样大的笏板，一动不动却念念有词，见到王阳明，他先是恭敬地鞠躬，然后自报家门，王阳明将他请进中堂看座，他却大摇大摆地直接坐到了王阳明的位子上。

王阳明不急不恼，反而仔细观察起了这个古怪的来客。见他手中的笏板上写着“非礼勿视，非礼勿听，非礼勿言，非礼勿动”几个大字，便问他：“你戴的帽子有什么讲究？”王银答：“是舜帝当年戴的帽子。”王阳明又问：“你穿的衣服又有什么讲究？”王银又答：“这是老子当年穿的衣服。”王阳明不禁哑然失笑，老子只有在七十多岁时为博得父母开心，才穿着这样的衣服假装摔倒，假装哭泣，于是便问：“你为什么不学老子假装摔倒哭泣，博大家一笑呢？”这时王银才终于发觉，王阳明绝对是个与众不同的人。

王银本来是抱着挑衅的姿态来找王阳明，整理了一下思绪的他，依然拿出许多刁钻的问题来为难王阳明，可王阳明却始终沉着应对，每一个问题都能轻易化解。王银虽然哑口无言，却并不是心悦诚服。第二天，他又准备了许多难题想要驳倒王阳明，最终却对王阳明心悦诚服，对他说的每一句话都觉得受益匪浅。他终于服气，当下便跪下拜王阳明为师。王阳明为他改名王艮，字汝止。从此，王氏学说的泰州门派，正式开始。

与王阳明自小的梦想一样，王银的梦想也是成为圣人，他出生在一个富庶的盐商家庭，却与一般的纨绔子弟整日花天酒地不同。他的爱好是读书，只要遇到读书人便会虚心求教，遇到王阳明，便是他一生中受益最深的一段际遇。王阳明去世之后，王银成立的泰州学派弟子甚至多达四百余人，学子遍布各个行业，从状元到混混，其中也不乏许多若干年之后影响着明朝政坛的人士。

第七章 放手与归去

传奇未完

第一节 清心寡欲，追求圣贤

50 岁，知天命的年纪，一声感叹，几丝苦涩，如同秋天的枫叶，秋渐深，绿渐褪，叶更红，情更深。此时的人生就像一部作品，唯有留下更多的佳作，才能称之为精品。50 岁的王阳明，对官场与仕途的名利早已淡泊，他在讲学中享受着学问带来的快乐，他也在思考，是不是真的到了告老还乡的年龄。可让他想不到的是，就在此时，他接到了一封朝廷发来的诏书，让他即刻返京。

已经十几年没有太平过的大明朝，再一次经历了翻天覆地的变化。正德皇帝驾崩了，享年 31 岁的他没有留下一个子嗣，谁将成为大明朝的下一任皇帝，成了一个莫大的难题。每个人心中都权衡着自己的利益，正德皇帝生前不仅没有子嗣，甚至没有兄弟，唯一的方法，便是从朱氏宗亲中选出一个合适人选。15

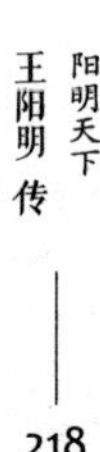

岁的朱厚熜，也就是后来的嘉靖皇帝，就这样在众人的权衡中，登上了历史的舞台。

大明朝的新一任皇帝朱厚熜，从封地湖北来到了京城，15 岁的朱厚照，还是一个玩心不改的孩子，可 15 岁的朱厚熜，已经做足了当皇帝的准备。当眼前出现雄伟壮阔的城门，正要迈出成为皇帝的第一步的朱厚熜，却被官员们拦在了城门口。他们告诉朱厚熜，只有皇帝才能走大明门，以朱厚熜的身份，应该走东侧的东安门。朱厚熜知道，东安门是留给皇太子出入的，他告诉众人，自己就是即将即位的皇帝，如果不可以走大明门，那宁可掉头回湖北。一群大臣被一个如此有气场的孩子震慑住了，他们选择了妥协。朱厚熜在即位之前，就与大臣打了一场心理战，从大明门光明正大地进入了皇城。

做了皇帝的朱厚熜渐渐发现，麻烦的事情远远不止于此，他成为皇帝的条件，便是从此不能再认自己的亲生父母。他想反抗，可朝中的大臣们却结成了统一战线，如果真的誓死不从，他的结果也只能是回到湖北老家，继续过王爷的生活。这一次，他暂且妥协，但皇帝的年号，要他说了才算。吏部为他定的年号是“绍治”，意思是继承弘治皇帝的统治，这等于承认他是弘治皇帝的儿子。可朱厚熜指着《尚书》中的“嘉靖殷邦”四个字，斩钉截铁地告诉众人：“我的年号是嘉靖。”这一次，又轮到大臣们妥协，从这一刻起，大明朝的嘉靖皇帝，正式走入历史的舞台。

风雨人生，山一程，水一程，走过平川，穿过风沙，踏过荆棘，回首看自己一路上留下的深浅不一的脚印，才猛然间发现，人生因坎坷而多味，红尘因变幻而绚烂。

朱厚熜也想在世上留下自己的脚印，首先便是要稳固自己的立场。他看中了王阳明，不仅因为王阳明做出的一系列壮举，更是因为他的学生遍布朝中的各个角落，拉拢了王阳明，就几乎等于拉拢了整个朝廷。

在决定拉拢王阳明之前，嘉靖皇帝朱厚熜还做下一件壮举，让人从此再也不敢小看这个年仅 15 岁的少年一眼。迫于杨廷和率领的众大臣的压力，朱厚熜差一点就同意了认弘治皇帝做父，可突然出现的一封奏折，改变了他的一生。写奏折的人，就是张璁，一个和王阳明年龄差不多的无名小吏，他看准了嘉靖皇帝与大臣之间的矛盾是他升迁的机会，就奋笔疾书了一封《大礼疏》，引发了大明朝最著名的一场腥风血雨。

在《大礼疏》中，张璁引经据典，几乎句句都是在替皇帝说话，他说：汉代的刘欣和宋代的赵曙，都是在很小的时候便过继给了汉成帝和宋仁宗，自幼在宫中长大，而嘉靖皇帝已经年长，如果认弘治皇帝做父，那他的生父兴献王便要绝嗣了。

看到这样一封奏折的嘉靖皇帝，激动得无以言表，他没想到还能有人站出来替他说话，如此一来，他反对杨廷和的立场便更加坚定。王阳明曾经说过“礼本人情”，如今也成了嘉靖皇帝据理力争的依据，杨廷和为了削弱嘉靖皇帝的势力，将张璁升去南京做刑部主事，没想到张璁在南京与王阳明的众多学子一拍即合，许多人站在了张璁一边。

人一旦团结起来，就像捆成一捆的筷子，纵有再大的力气，也不能轻易掰断。张璁很快就有了众多支持者，南京吏部主事桂萼，借着张璁的势头向皇帝上了一封奏折，建议皇帝将生父兴献王封为皇考，把孝宗皇帝封为黄伯考，将正德皇帝封为皇兄，将生母蒋氏封为皇太后。嘉靖皇帝再一次有了支持者，可众大臣商议了很久，也没有给出结果。正在嘉靖皇帝忧心之时，杨廷和提出了告老还乡的申请，以为自己战胜了杨廷和的皇帝批准了这一辞呈。但他没想到的是，一场腥风血雨，正在不远的未来等着自己。王阳明在北京生活了三十年，那里几乎是他的第二故乡，如果此行能够入阁拜相，人生至此也许真的圆满。可是，刚走到杭州，一封诏书却阻挡了他前行的脚步，诏书中，要王阳明返回江西，暂缓入京。至此王阳明看透，此生也许再无入京的机会，也许告老还乡，成为一介平民，反而快乐许多。他想得没错，这一次，王阳明没能回到京城，在他的余生里，也再也没有实现过回京为官的愿望。这一切的幕后主使，正是杨廷和。王阳明在朝中各个部门的学生们纷纷站在了张璁和皇帝一边，如果王阳明返京，那自己更是毫无胜算。在大议礼事件还没有进行到最激烈的状态时，杨廷和建议皇帝，如果王阳明回京，必定要对他平定叛乱的事情进行封赏，如此一来，国库吃不消。嘉靖皇帝也觉得有理，便暂缓了王阳明回京的事宜。

成功阻止了王阳明回京的杨廷和，也许没有想到，自己在朝中的日子也剩下不久了。杨廷和离开了朝廷，曾经与他站在一条战线上的文官们，将虎视眈眈的眼光瞄准了张璁。他们认为张璁是导致杨廷和告老还乡的罪魁祸首，他们一致决定，要在张璁每日的必经之路上将

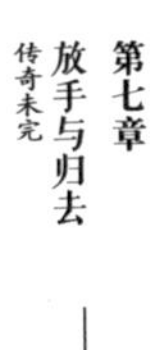

其拦截，一顿乱棒，将其活活打死。

心境清白，贪欲自然就会少。一个人的安静取决于内心，一颗骚动不安充满欲望的心，无论幽居于大山，抑或隐藏于古刹，都无法安静下来。唯有淡薄与宠辱不惊，春日里，即便坐于书斋也能感悟到山川的妩媚与雄奇。

每当涉及利益，人们的内心便无法平静，即便是皇帝朱厚熜也是一样。大臣们要殴打张璁的消息传到了皇帝的耳中，他震惊了，如果真的让他们得手，那不久的将来，如果他们联合起来对付皇帝，简直易如反掌。如果是正德皇帝朱厚照，也许会将这样一场闹剧当成演戏来看热闹，可嘉靖皇帝朱厚熜，决定要打压这些大臣的嚣张气焰。他将内阁官员召集到一处，告诉他们自己已经知道了打人的阴谋，并当场对组织打人的赵鉴和张翀进行了痛斥，又将张璁和桂萼擢升为翰林学士，将方献夫擢升为侍讲学士，又趁机将生父中兴献帝的“本生父”头衔去掉，实现了自己只做皇帝，不认弘治皇帝做父的愿望。这一次，年轻的嘉靖皇帝获得彻头彻尾的胜利，然而，事情远远未完。

嘉靖三年七月十二日，18 岁的嘉靖皇帝再一次面临文官对自己的挑战。杨廷和致仕了，可他的儿子杨慎依然留在朝中为官，他将六部十三司共二百多名官员组织在一起，集体在左顺门下跪，要皇帝为不继统的事情给出合理的解释，否则便一跪不起。刚刚在大议礼中获得胜利的皇帝，绝对不会向这些跪在外面的大臣妥协，他派出锦衣卫，将跪在左顺门的一百多名官员拘捕，凡是违抗的，便遭到锦衣卫的暴打，有十七人当场死在锦衣卫的棍棒下，挑起事端的杨慎、王元等人被发配到边疆，永世不得为官。

此时的王阳明，也同杨廷和一样致仕还乡，可与杨廷和不同的是，他正舒适地享受着亲人的陪伴和为学生讲学的快乐。这样清净的生活，他有多久没有享受到了？也许是上天为王阳明遭受的不公做以补偿，给了他六年悠闲的生活。

第二节 万物一体，知行合一

在光阴深处，幸福的时间总是太短，只因时间总是在不经意间悄悄逝去。岁月就这样划过流年，韶华在淡然中逐渐消散，在悠悠岁月中历尽了多少沧桑。

王阳明太久没有与父亲好好团聚，借着父亲 70 岁大寿的机会，他回到山阴，邀请满堂亲朋，为父亲大办了一场寿宴。寿宴上，一封朝廷发来的诏书，让王华喜笑颜开。诏书中表扬了王阳明平叛匪患的功绩，封他为新建伯，兼任南京兵部尚书，照旧参赞机务，子孙世袭。之后又将王阳明的父亲王华、祖父王伦、曾祖父王杰三代人同封为新建伯。王阳明穿上朝廷颁发的蟒袍和玉带，向父亲叩首行礼。这是王华过得最快乐的一个生日，也是他最后一个生日。两个月后，70 岁高龄的王华，带着儿子生前为自己赢来的荣耀含笑九泉。儿子的学问和成就全都远远超过了自己，相信在离世的那一刻，王华的心中有的，也只是满满的高兴和满足。

王阳明留在家乡守孝三年，为父亲尽到自己的最后一次孝心，心中不再惦念那辉煌的大殿和名利荣耀，眼前的景色似乎也变得越发美好。也许这便是知行合一的真谛，即便是京城中闹得轰轰烈烈的“大议礼”事件，也不能让王阳明分出半点心思放在政治上面。杨廷和败了，他在朝中的学生们有着不小的功劳，也更加得势，王阳明却依然没有想要重回官场的念头。

他的学生们成为大议礼事件中的主力，并非是想将赌注压在皇帝身上，换自己后半生的荣华富贵，他们只说想将心学发扬光大。杨廷和并没有错，他只是希望朝廷井然有序，可是程朱理学在日渐发展壮大的心学面前，渐渐呈现出落后的态势，变得不堪一击。王阳明的学生们想用心学改变整个朝代的风气，可并没有想象的那么容易，他们在未来的失望，早已被王阳明明了于心。学生们在大议礼期间不断地通过信件征询他的意见，王阳明一概不做明确的回复，就像用一个透明的玻璃罩子把自己与外界隔离开来，世间的一切纷扰虽看得清清楚楚，却不沾染一丝尘埃。

随着皇帝的更替，心学也有着取代程朱理学的势头。嘉靖二年的会试中，考生们面前的题目，竟然是对王阳明的心学作出评价，至此，圣学终于大明于天下。

也许是王阳明与生俱来的教育家气场，凡是他所到之处，都会引来大批跟随者，全都是希望听他讲学传道的学子。山阴这个小地方，一时之间竟然成了大明朝最吸引学子的地方，每天来听王阳明讲学的

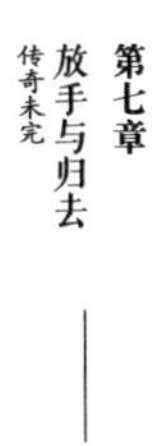

人数达二三百人，桌椅不够，学子们便索性坐在地上听课，能够听一次王阳明的讲学，已经成了学子之间互相炫耀的资本。钱德洪和王畿便是众多学子中的佼佼者，也是王阳明一生中的最后两个徒弟。

王阳明看重钱德洪，也许是因为他与徐爱的性格有着几分相像，王阳明的每一句话都被他奉为真理。他与王阳明同样出生在瑞云楼，踏实稳重的他，成为王阳明晚年最得力的助手，也是他亲手整理了《王阳明年谱》和《传习录》，将王阳明的学说留给了后人。

与钱德洪的稳重不同，王畿则有着更多的聪明才智。20 岁时的王畿，是个纵情于饮酒作乐的风流才子，对于别人热衷于听王阳明讲学，他最初还有些嗤之以鼻，虽然中了秀才，但他对读书并没有太大兴趣，是王阳明一眼认定，此人是个可造之材，便吩咐自己的弟子魏良器等人依照自己的计策行事。

一次，王畿路过王阳明的新建伯爵府，见魏良器正与几位同门师兄弟饮酒赋诗，很是快活，他不禁问道："你们这些腐儒，竟然也会玩这种游戏？"魏良器答道："我等之学，并不迂腐，也不固执。你心存偏见，所以不知道其中的乐趣。"王畿没有再说话，默默离开，但内心已有触动。接下来会试落榜的打击，让王畿萌生了听王阳明讲学的念头，只听过几次，他便彻底心悦诚服，成了王阳明的正式弟子。

不朽的岁月封印着多少时光，隔着时空的牵念，惊艳了多少寂静繁华。抬头仰望星空，只能从斑驳的光阴中寻找逝去亲人的身影。

不知不觉间，王阳明已经为父亲整整守孝三年，这一年的中秋，他在天泉桥边举行了盛大的宴会，宴请自己的一百多位弟子。酒过三巡，众人的情绪已经变得亢奋，学生们请王阳明现场题诗，于是便有了《月夜两首》：

万里中秋月正晴，四山云霭忽然生。
须臾浊雾随风散，依旧青天此月明。
肯信良知原不昧，从他外物岂能樱。
老夫今夜狂歌发，化作钧天满太晴。

处处中秋次月明，不知何处亦群英。
须怜绝学经千载，莫负男儿过一生。
影响尚疑朱仲晦，支离羞作郑康成。
铿然舍瑟春风里，点也虽狂得我情。

他借诗提醒自己的学生，人生只能活一次，不要辜负了这独一无二的生命，也不要为人生留下遗憾。明月也许暂时会被乌云蒙蔽，只要内心有良知，明月就会再度光明。学生中有人问道："有人讥谤老师的学说近于佛老，然而弟子觉得佛老也有助于圣学，有益于我身，是否应当兼而取之？"王阳明为众人讲道："尽力推知人性，每个事物都会具备，哪还用兼而取之？佛老二家的学问皆能为我所用，在尽兴中完善自我，这是道；在尽兴中不受尘世之累，这是佛。后世的儒者都以为自己得到了圣学的真传，却不懂得圣学的博大和无所不包，同佛老两家分道扬镳，实在是太过迂腐。"

是啊，学问深不可测，非要用屏障将各路学说硬性隔离开来，简直就是在浪费生命。讲解完此番道理，王阳明说出了四句话：“无善无恶心之体，有善有恶意之动，知善知恶是良知，为善去恶是格物。”四句话留下了无限的哲理，留给后人去品评和琢磨。直到今天，似乎依然能感觉到王阳明铿锵的嗓音言犹在耳，震慑古今。

往事就像秋雨，温柔而多情，璀璨而湿润，清凉而润心。这就是命运，一种命中注定的感动。刚刚结束了守孝，王阳明的夫人褚氏却一病不起，很快便告别了人世。也许是新婚之夜对妻子不经意的冷落，让王阳明愧疚一生。即便是褚氏终生也未能为王阳明生下一儿半女，他也从未动过另娶一房的念头。褚氏去世整整一年之后，王阳明才终于续弦，本以为只是能够有人在一旁嘘寒问暖，没想到这位新来的太太，竟然让王阳明体验了从未有过的高兴——他们有了自己的儿子。老来得子，想必比任何喜事都要更加激动。按照家谱，王阳明给儿子取名正聪，寓意聪慧的名字，希望他能将自己的学问之路延续下去。

随着时间的流逝，嘉靖皇帝朱厚熜在自己的皇位上越坐越稳，可对于他最初十分欣赏的王阳明，却抱着越来越模糊的态度。当初助皇帝坐稳皇位的张璁和桂萼，也都有了高官与厚禄，王阳明的守孝期虽已结束，却没有接到朝廷的任何录用诏书。黄绾屡次在皇帝面前上奏着推荐王阳明，席书更是直接在奏折中说道：“生在臣前见一人，曰杨一清；生在臣后见一人，曰王守仁。”方献夫甚至直言不讳：“定乱济时，非守仁不可。”

如果说张璁始终对王阳明的为人抱有一丝惊异，桂萼的态度则要复杂许多。虽然二人的上位少不了王阳明的学生们的鼎力相助，是心学让他们有了今天显赫的地位，可桂萼似乎只想将心学加以利用，为的只是让自己的羽翼更加丰满。他与张璁一道，像嘉靖皇帝谏言，请求重新启用王阳明。

可是如今的嘉靖皇帝，似乎并不需要身边有太多的帮手，他的地位早已稳固，羽翼早已丰满，王阳明的传说太过于神勇，他好不容易将杨廷和赶回老家，如果再有了一个王阳明，皇帝的身份未免有些被动。可如此有能力之人，弃之不管似乎又有些可惜，对于王阳明的安排，皇帝迟迟未能表态，他一直在心里盘算，将王阳明送往一个远离自己，又对朝廷有用的地方。嘉靖六年，不知是上天想要成全王阳明还是嘉靖皇帝，广西发生了叛乱，王阳明的用武之地再一次诞生。

第三节 老骥伏枥，再上战场

风起云涌的历史，演绎了一代代的起伏，也将历史推向巅峰。生命本就脆弱与卑微，极少有人在晚年之时，还依然能够做到坚硬与精致。

嘉靖六年，已经 56 岁的王阳明，再一次收到了朝廷的诏书，此刻的他，只想享受平静的生活，可诏书中写得明白，广西平叛，刻不容缓。临行之前，王阳明再一次将王畿和钱德洪约到了天泉桥边，这是他最欣赏的两名学生，王学日后的发扬，只能靠他们两个了。王阳明对二人说，自己明日即将出发前往广西，你们两人对学问的见解，要互相弥补，千万不可各执一端。他只希望两个人在日后的讲学中，不要丢了自己的宗旨，这是王阳明与两位爱徒的最后一次谈话，也是最后一次讲学。一次教导，受用一生，王畿和钱德洪用自己的毕生精力，将王阳明的学说宣讲至每一个角落，王阳明死后，两个人更是放弃了会试，专为老师守孝。这早已超脱了师徒之间的情感，更像是儿子对父亲最后的留恋。

过了这一夜，王阳明便要奔赴广西，发生叛乱的，是广西的思恩州和田州，两个同样属于少数民族聚居的自治州，向来是由当地的土司担任州长官。为了刹住广西土著军民野蛮的风气，明朝的统治者想出办法，逐渐用朝廷官员替换掉土司的官职，许多地方都颇见成效，唯有从元朝就开始担任土司的岑氏家族，从未被朝中官员取代。如今土司传到岑猛一代，他甚至想摆脱大明朝对自己的管制。不过，由他发起的叛乱很快就被广西巡抚姚谟镇压住了，投降后的岑猛逃到了自己的岳父家里，可为了朝廷的赏金，岳父竟然将岑猛毒死，献出了他的人头。

本以为可以趁势用朝廷的官员将岑氏家族替换掉，这却引起了拥护岑氏家族的百姓的不满，以卢苏、王受为首的瑶民再一次发动叛乱，这一次，哪怕是官兵也镇压不住。两人以岑猛的名义屡次大败官军，很快便占领了思恩州和田州的州府。

虽然朱厚熜此刻最不需要的就是王阳明这样既有能力又有人气之人，可无奈现实摆在面前，似乎朝中除了王阳明，再没有能平定叛乱的最佳人选。于是，朝廷下发了一纸公文，王阳明便以督察员左都御史的身份奔赴广西。

所有的得失，趁能放下之时便要统统放下，很多东西都是过眼云烟，能陪自己到终点的，仅有寥寥数人而已。人生其实是看完一段风景，再被别人挤得水泄不通。王阳明在此刻认为的幸福，只是静享人世的

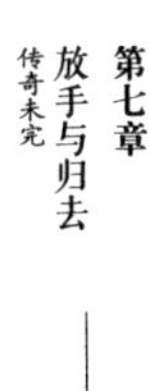

温情，政治的游戏已经彻底让他感到厌倦，他在教育中创造的辉煌，即便是万人之上的皇帝也无法掩盖，他不愿就这样受朝廷随意摆布，收到朝廷的诏书后，王阳明的第一想法便是向朝廷发回一封辞呈。

在辞呈中，王阳明表达了请辞的三条原因：首先，是因为自己的身体越来越差，连出门走路都要消耗不小的体力，去广西平叛更是难上加难；其次，他相信广西巡抚姚谟的能力，假以时日，他一定可以成功平叛；最后，与自己相比，南京工部尚书胡世宁和刑部尚书李承勋两位年轻人，似乎是更加适合的人选。种种原因，只为了表达一个想法，便是王阳明只想留在家中安心养老。可朝中的官员们曲解了他的意思，以为是他嫌自己的权利不够大，索性罢免了姚谟，又让王阳明提督两广、湖广和江西四省的军务，如此一来，他便有了更大的兵权。朝廷已经将姿态表到如此地步，王阳明如果再不赴任，便是将朝廷的看重视若草芥，于家于国于己，都不会带来什么好下场。万般无奈，王阳明只得拖着五十多岁的多病之躯，再赴战场。

临行之前，王阳明将自己的学子们再一次召集到一处，与他们一一道别，这一次的道别似乎有着诀别的意味，也许是王阳明和自己的弟子们都知道，此次离别，很可能就是永远。出发之日，来相送的弟子们围满了整座码头，百姓们送来各种礼物，王阳明一一谢绝，再多的礼物他都不需要，他需要的，只是一箱又一箱的药材，那是对自己生命的延续，多活一日，完成朝廷的使命的可能性就更大一点。

送行的人太多，许多人无法靠近王阳明的官船，只能远远地隔江相望。王阳明再一次踏上了从浙江到江西的水路，这条路他已经走了太多遍，可是每一遍似乎都有着不同寻常的意义。礼部侍郎徐樾甚至追随王阳明的官船一口气跑了几十里路，只为求得与王阳明一见。王畿与钱德洪舍不得就这样与老师告别，与王阳明同船一路送到严滩，才带着万般不舍与老师依依惜别。王阳明还未到吉安，那里的学子们便已经将他即将下榻的驿站围得水泄不通，一路劳顿的他，只得拖着疲惫的身躯再为等候多时的学子们进行一次讲学。

嘉靖六年十月，听说王阳明即将到达南昌，南昌的百姓早早起床将街道打扫干净，焚香洒水，用迎接圣贤的仪式来迎接他。王阳明早已经不负圣贤的称谓，百姓们知道，自己曾经的安定生活离不开王阳明的努力，而他即将开始的又一场战役，定会让自己重新拥有平静的日子。王阳明所乘的官船一靠岸，早已守候在那里的百姓便将王阳明簇拥进了早已准备好的轿子里，众人轮番抬轿，一直将王阳明送到了江西巡抚衙门。还没等王阳明坐稳，前来拜访的人便一波又一波地到来。王阳明从早到晚一刻不停地接见来者，直到太阳就快落山，门口还排着长长的队伍，里面尽是等着见王阳明一面的百姓。哪怕是听到王阳明身体疲乏，需要休息，等着拜访的人们还是久久舍不得离开。

草草睡了一夜，王阳明第二天又去南昌文庙参拜。他知道，如果不给百姓一个交代，自己的平叛战役还不能开始。在明伦堂，他再一次为学子们讲学，从各地赶来的学子挤满了整座大厅，有人从未见过王阳明，特地赶来就是为了一睹他的风采；有人已经听过王阳明讲学，可远远意犹未尽。如果知道这是王阳明一生中的最后一次讲学，不知道会不会有更多更远的学子出现在当天的讲堂上，那些来不及赶来的学子，是不是会因此懊悔一生。

当终于到达广西梧州，王阳明顾不得休息，用最快的时间整理自己平叛的思绪。卢苏与王受并不是大奸大恶之人，他们发起叛乱也实属被朝廷所逼。前任广西巡抚用大量的官军压境，只为将二人置于死地。此种情形，他们不得不战，因为不战只能是死路一条，应战也许会活命。如此拼死反抗的叛军，仗着对当地地形的熟知和天时地利的便利条件，竟然让官军久久无法平定。

并且，二人占据的思恩洲和田州与越南接壤，处于深山峡谷之中。瑶族居民向来喜欢群居，如果依然保留原来的政策，让土司来治理当地的居民，还可以凭借瑶民善战的特点为中原建立一座安全屏障，如果将瑶民杀尽，用官员代替土司，等于自己将这样一座天然屏障拆散，如此一来，得不偿失。

面对这样一种情形，王阳明计上心头，他的平叛策略只有八个字：以抚代剿，土流并用。

第四节 疲乏的生命，不灭的星辉

疲倦是一种淡淡的腐蚀剂，潜移默化地浸泡着人们的神经，疲倦发生的时候，如同一种会流淌的灰暗，在皮肤表面蔓延，使整个人困倦和萎缩，如同寒露一般，侵袭到身体的底层。

虽然王阳明疲乏已极，虽然阳光不再温暖，朝廷安排的任务却并不能敷衍。当他将以抚代剿、土流并用的平叛政策上报给朝廷时，百官哗然。从前的王阳明，剿匪向来是以武力解决，如今却提出了如此柔软的政策，大臣们不禁怀疑，派出王阳明是不是个错误。

人们忽略了王阳明是个将兵法运用到极致的人，如果对叛军的军队放出招安的消息，他们的军心则会动摇，如果军队不想再战，任凭将帅做再多努力，也不能让军队移动分毫。如果硬攻，被逼无奈的卢苏和

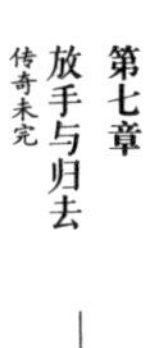

王受一旦逃到越南，朝廷则更加无能为力。为了更快解决这场叛乱，王阳明亲自率军队来到南宁，为的就是让卢苏和王受两个人感受到来自朝廷的压力。

在广西，没有人不知道王阳明在南赣平叛的丰功伟绩，不仅如此，能够仅用十四天的时间便剿灭反叛的宁王，凭的更加不单是先进的装备和雄厚的兵力。何况，在朝廷的装备和兵力都强于自己的情况下，卢苏和王受更加觉得自己没有丝毫的胜算。但贸然投降，他们也不敢轻易尝试，除了从心态上无法接受，他们更不知道王阳明是否真的会接受自己的投降。

一切纠结，只因将焦点放在太过想要的东西上。卢苏和王受每日感受着王阳明无形的压力，日子过得并不舒坦，他们派出自己的心腹黄富，去南宁好好地打探一下王阳明的口风。王阳明采用怀柔政策，对黄富好生招待，再一次强调，如果卢苏和王受投降，自己一定不会过多难为。可去与不去，对卢苏和王受都是一种精神上的煎熬，如果不去，显得对朝廷过于轻视，极有可能招来杀身之祸；如果去，则可能是自投罗网，最终的结局依然是死路一条。

抉择是一件痛苦的事情，后退何尝不是出路？纠结了多日的卢苏和王受决定，相信王阳明一次，把自己的生命作为赌注，交到他的手上。他们带着七万军队来到南宁城外，却只带了几名贴身兵士，来到了巡抚衙门，他们要亲自向王阳明认罪自首。

王阳明的一双眼睛虽已昏花，却依然能看透人心。他能看出两个人投降的诚意，于是只是象征性地令人打了二人一百军棍，便将二人放过。如果这两人是假意投诚，王阳明还有第二套对策，他会将二人当场捕杀，然后对城外的军队进行偷袭。如今，一场血战就这样化解，王阳明让二人将军队解散，然后上书朝廷，为他们封官。能免掉死罪，已经让卢苏和王受大为感恩，如今还能获得朝廷的一官半职，简直让他们对王阳明感激涕零。

大感惊讶的，除了卢苏和王受，还有朝廷的文武百官以及皇帝本人。朝廷用十万兵马，消耗无数银两，打了两年没有打下的战役，就这样被王阳明不消耗一兵一战，轻易地化解。凡事总有两面，几家欢乐几家愁。正当广西的百姓因为自己的家园没有遭受战争的践踏而欢呼庆祝之时，北京朝中一些反对王阳明的官员们却在暗自不满，王阳明的平叛越是轻松，便越是显得他们之前的举措有多么失败。

在写给朝廷的奏疏中，王阳明建议将田州一分为二，其中一半让岑猛之子岑邦管理，岑氏家族在当地依然有着不小的影响力，任命岑氏家族的人做官，可以起到安抚当地百姓的作用，也可以保证当地的平安与稳定；而另一半，则让卢苏和王受担任巡检，同时由朝廷派出官员，担任知州。

深信教育可以让人识礼的王阳明，再一次把学堂办在了这样一个超过半数人都不开化的地方，当地的土著人接触了诗书，才知道自己从前的行为是多么野蛮，人们渐渐修身养性，不再靠武力解决问题。王阳明曾经在南赣大力实行十家牌法，杜绝了土匪和贼人的隐患，在这里，他将十家牌法照搬，希望靠自己的政策，改变当地顽固不化的风气，让这里的每个人变得更加识礼和守法，为当地的百姓换来一世的平静。

淡，是人生的真味，淡淡的山水与淡淡的云烟，更能引人在淡然中思索。淡然中似乎独有一种馨香，能够让人有一份思念和一份眷恋，不是寡淡，而是淡中有味。那淡淡的味道，有一种不可言说的隽永。

王阳明知道，生命不能像期望中那样有着平淡的禅意，还有一股不容忽视的势力，在等着他去剿灭，一些瑶民聚集在西北方向一百里外的断藤峡作乱，四处劫掠百姓，之前朝廷将全部注意力集中在了思恩州和田州，如今，到了该惩治这些山贼的时候了。

第五节 血色夕阳里断藤峡

当一切曾经走远，当流年远逝，当所有的人和事，随着渐渐行走的时光，不断苍老出最后的模样，叹息的语调，无论如何去轻描淡写，终究还是不回到从前。

王阳明老了，哪怕他曾经创造出无数神话。他以一个文人之躯，剿平南赣的匪患；只用十四天，生擒了造反的宁王；兵不血刃，让广西起义的百姓归顺朝廷。但是这一切，都无法阻挡住时间的脚步，岁月让本就瘦弱的王阳明变得更加佝偻，只是，时间能带走青春，却无法带走王阳明目光中的精神。他还有未完成的事业，哪怕没有收到朝廷的旨意，但活跃在断藤峡的一股叛军的所作所为，屡屡传到王阳明的耳中。他知道，如果这些叛军不能得到处置，会造成比卢苏和王受更加严重的后果，只有解决掉这些叛军，广西的百姓才能重新获得一方安宁。

朝廷原本的意思，是希望王阳明在平定思恩州和田州的叛乱以后，趁势攻打下越南，让那里成为大明朝的第十四个布政使司，可王阳明以卓越的军事才能及敏感性判断，断藤峡的叛军不得不除，否则必酿成大祸。

断藤峡之所以得名，完全来源于近百年前的一次瑶民叛乱事件。那里原先叫作大藤峡，毗邻黔江下游，一条大藤横跨黔江，有着险要的地势。几十年前的那一次叛乱，瑶民借着复杂的地形与官军反复周旋，但是最终也没有成功，他们被韩雍带领的官兵彻底剿灭，一个不留。为了从此断掉瑶民造反的念头，韩雍派人烧掉了横跨江面的大藤，又将这里改名叫作断藤峡。

然而瑶民造反的精神，并没有随着大藤的断掉而去根，造反的情绪如同一颗种子，在断藤峡内经过几十年的酝酿，终于生根发芽，逐渐长成一棵参天的大树。到了嘉靖五年，这可反叛的大树终于到了要结出果实的时候。大批的瑶民在断藤峡聚集，渐渐形成了一股不小的势力，除了抢夺百姓，强抢民女，甚至连官府也敢抢占。他们将朝廷视若无物，动辄就有官员丧命于他们的刀下。

王阳明用毕生的经历教导千万学子知书识礼，知行合一，可对于这些造反的瑶民，他却罕见地抱着强硬的态度，他评论他们："窃发无时，凶恶成性，不可改化。"圣贤的教导，根本无法让一些骨子里流淌着反叛血液的瑶民改邪归正，只有武力才能让并不平静的大明朝换来一时的安宁。

可是，生活在深山中的瑶民，全都有着矫健的身手和凶蛮的个性，

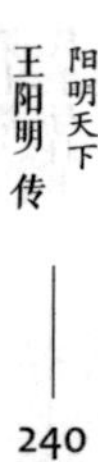

走山路对他们来讲，比走平路还要流畅，每一支弓箭，都被他们用当地特产的毒药浸泡过，只要被它擦伤，则必死无疑。当地有八座村寨聚居在一处，叫作八寨，那里的瑶民不仅凶蛮，更堪称狡猾。每当官军过来平叛，他们便谎称接受朝廷的招安；一旦官军离开，他们又恢复造反的本性，烧杀抢掠，为害一方。

所谓励志，并非豪情满怀地向全世界宣誓，而是在一点一滴中，将每一件事渗透进自己的智慧。太多的官员们领教过这些瑶民的狡猾，官员换了一个又一个，瑶民们的日子却还像往常那样自在。再也没有哪个官员想要与这些瑶民对抗，也许老天也在等一个机会，一个王阳明再次出山的机会。

在消耗了大量的人力物力之后，朝廷几乎已经对治理瑶民绝望了，唯有王阳明决定，一定要除掉这个祸害。一旦决定，便势不可挡，这便是王阳明精神的魅力，与决定同时出现的，还有平定瑶民叛乱的计策。

在卢苏和王受宣布归顺朝廷的一刻，思恩州和田州的叛乱正式宣告平息，王阳明再一次向朝廷递交了辞呈，辞呈中说，自己身体一向不好，年老多病，祈求回家养老，可朝中的官员们却一致希望王阳明继续留在广西。他们有着自己的双重打算，如果王阳明留在广西，既可以对广西的叛军起到震慑作用，又不会威胁到京城中官员的地位。没有人知道，这是王阳明平叛的又一个计策，他是想让瑶民知道，自己即将离开广西，如此一来，他们才能放松对自己的警惕。

瑶民们并不知道朝廷对王阳明的安排，王阳明故意让湖广两地的

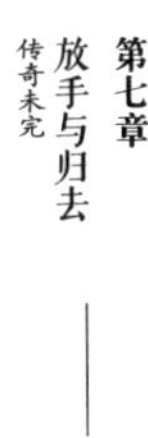

军队撤退，彻头彻尾地做出了一副即将班师回朝的假象。此外，他又将刚刚招安于朝廷的卢苏与王受叫来，问他们愿不愿意戴罪立功。一条天衣无缝的完美计策，已经在王阳明心中酝酿而成。

按照王阳明的指示，已经成为朝廷官员的卢苏和王受解散掉了自己曾经的军队，连隐藏在断藤峡中的瑶民都知道，他们手下的兵士被一批一批地裁掉。所有人都以为，卢苏和王受的手下再无兵士，可只有王阳明知道，裁掉的兵士都是老弱病残，留在他们手下的，还有一批真正的精兵。

想要制服造反的瑶民，第一个要攻打的地方便是一个叫作思吉的寨子。瑶民们正像平日里一样喝酒聊天，一声炮声夹着满天的大火，彻底打破了寨子中的宁静。瑶民的房子被熊熊的大火点燃，他们还来不及跑回家救火，一排排的官军已经出现在他们面前。每一个官兵的手中都拿着弓箭，每一支弓箭上面都燃烧着熊熊的火焰。有人一声令下，一排排的火箭再一次射向瑶民的房子，在炮火中幸免的房子终于也燃成了一片火海。

来不及反抗的瑶民们被官兵们用钢刀一个一个地结果掉性命，手无寸铁的他们四处仓皇逃窜，与当初被他们抢掠的百姓一模一样。上天是公平的，做恶的结果便是遭到更加严酷的命运惩罚，曾经用杀人换来财富的人们，如今变成了官军手中的战利品。

前世今生，生死轮回，躯壳随着沉入泥土而腐朽，污浊的灵魂被一并埋入地底，无法换得他人的一丝怜悯。

剿灭瑶民的，正是卢苏和王受留下的军队。王阳明曾经吩咐撤退的湖广两地军队，也早已悄悄地返回了广西，紧跟在后，向瑶民发起了另一次袭击。曾经被瑶民们引为优势的复杂地形，再也无法成为他们掩护的屏障，因为他们面对的敌人是王阳明，即便是上天入地，也无法改变自己失败的命运。

没过多久，朝廷便收到了王阳明剿匪成功的捷报，一同收到的，还有一份如何实现少数民族自治区长治久安的策略。这下，不仅朝中的官员们对此不敢相信，连嘉靖皇帝都被如此轻而易举的平叛表示怀疑。先是不用一兵一卒招降了卢苏和王受，接着又将朝廷万般无奈的瑶民彻底清理干净，嘉靖皇帝朱厚熜认为，这也许是一个阴谋，他对王阳明的能力表示担心，如果让这样一个兵法如神的人回到京城，也许自己的地位都会受到威胁。与皇帝有着相同忧虑的还有桂萼等一干大臣，有了王阳明，自己的地位就显得无足轻重，他们频频向皇帝上疏，认为王阳明的捷报带有欺骗因素，尽管黄婉在朝中极力为王阳明辩白，但似乎无法消除嘉靖皇帝的怀疑。

有人每天忙碌，也有人每天平淡，只要心中踏实，即便是把心低到尘埃，也能开出一朵花，这朵花叫作幸福，这便已足够。

无论朝廷作出什么决定，在王阳明眼中都不如回归家乡更有吸引力。皇帝派出特使，对王阳明进行了嘉奖——五十两白银、四匹丝。圣旨中对平叛之事却只字不提，就连派出的特使，都只是一个身份普通的官员。

朝中再多的争论，王阳明已经无暇理会，他累了，甚至曾经在衙门中昏厥过去。他知道，也许生命的尽头，就在不远处等待着自己，

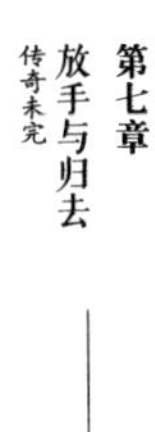

在病榻上，他拖着病体写下了《乞恩暂容回籍就医养病疏》，折磨自己大半生的肺疾终于再也不甘心寂寞，在王阳明轰轰烈烈地再一次创造了丰功伟绩之后，它终于在南方湿热的气候下一举爆发，连多停留一天，都成了一件让王阳明煎熬的事情。可是朝廷对他的辞呈久久不肯回复，朝廷想让王阳明继续留在广西，发挥他剩下的余热。可王阳明知道，自己不能再等了，在有生之年，他还想再见一见自己的妻儿，再与自己的弟子说说话，再看一眼家乡的山水和风景。广西，绝不能成为自己的葬身之地。

兰开幽谷，不悲；兰开闹市，不喜，这便是生命的常态，用安详恬静的姿态纯粹着生活的意味，用清雅恬淡的芳香演绎着生命的内涵。人们喜爱用兰比喻君子，大明朝的君子，正是王阳明。

第六节 此心光明，阳明天下

人们总是在黑暗的世界里向往光明，在虚伪的世界里向往真实，在虚情假意的世界里向往情真意切的美好。只要心存光明，阳光终有战胜黑暗的一天，事实会赶走虚伪，虚情假意也终将被真实的情意所覆盖。

王阳明知道，自己不能再继续等待朝廷的批复了，如果不赶快回家，自己也许再也无法见到故乡的日出，再也无法听到儿子喊自己一声父亲。落叶都要归根，王阳明乘上一条小船，顺着漓江东去，永远地离开了这个陌生的地方。船夫担心王阳明的身体忍受不了颠簸，故意将船速放得很慢。但王阳明归心似箭，再美的景色也无暇欣赏，但船行至伏波山，王阳明还是让船夫停了下来。伏波山中有一座伏波庙，是为了纪念汉朝的将军马援而建，想起四十年前自己曾经在梦中梦见过来伏波庙的场景，王阳明不禁感叹，人的一生，何尝不像一场梦。

当年的梦境如今化作真实的场景呈现在王阳明的眼前，马援的塑像依然在伏波庙中巍然挺立，它也在看着王阳明，它知道，面前的这名老者，所建立的丰功伟绩，早已超越了当年的自己。

卷甲归来马伏波，是王阳明四十年前创作的诗句，如今眼前似梦幻一般的场景，让他忍不住再作诗一首，取名为《梦中绝句》：

四十年前梦里诗，此行天定岂人为。
徂征敢倚风云阵，所过须同时雨诗。
尚喜远人知向望，却惭无术救疮痍。
从来胜算归廊庙，耻说兵戈定四夷。

王阳明将这首诗刻于庙中，让自己的诗作陪伴马援将军。越是急于回家，路程就显得尤为漫长。船行至增城，这里是湛若水的家乡，他参拜了为六世祖王纲修建的庙宇，并题诗于壁上：落落千百载，人生几知音。他是在想念湛若水，相交几十年，如今只能用一首诗来祭奠他们曾经的友谊。

王大用是广东布政使，也是王阳明的学生。听说老师要返乡，他特地派出一队士兵来护送。前面不远就是气候恶劣的梅岭，高高的山峰仿佛直入云端，大风时不时吹来一阵阵雾霭毒气，夹带着刺骨的寒冷。王大用派人用竹椅抬着王阳明爬山，王阳明已经没有多余的力气关注周围的情形，一路上他都处于近乎昏迷的状态。偶尔清醒时，他

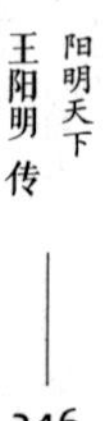

会抓住王大用的手，问他知不知道三国时期，诸葛孔明出山前托姜维的故事。他已经猜测到，自己也许无法熬到回乡的那一天，如果自己客死途中，他希望王大用将自己的灵柩送回余姚，王大用只能含泪应允。

一行人在漫天大雪中前行，知道王阳明回家的心情急迫，王大用一路上没有做丝毫停留。翻过了险峻的梅岭，便到了江西南安府，南安推官周以善、赣州兵备道张思聪都是王阳明的学生，他们一直在等待老师的到来。见到两位学生，王阳明竟然问起他们最近的学业如何，学生告诉老师，自己一直没有忘记刻苦攻读，但他们此刻更加惦记的，是老师的身体。王阳明知道，自己的病已经无药可救，只是还没有回到家乡，哪怕就这样闭上眼睛，也走得不甘心。两人见王阳明已经连站起来的力气都没有了，便建议他在江西养病，等身体恢复之后再回家乡。

王阳明的生命只剩下最后的一点余晖，即便是当地最好的医生为他医治，他的病情也不见丝毫起色。两天后，王阳明执意要动身继续赶路，学生们只得将他送上了回乡的木船。

生命本身就是一个奇迹，每一处足迹，都是值得欣赏的风景。在生命完结之时，用一份淡雅的清丽欣赏曾经的自己，也是对生命的一种珍惜。

木船行驶了一夜，随着初生的太阳一同来到了大庾县的青龙铺，眼前的美景似乎让王阳明的精神振奋了许多，面色也比往日更加红润。他将周以善叫到身旁，平静地告诉他：“我要去了。”周以善仿佛遭受当头一棒，强忍着心中的悲痛问道：“老师还有什么话想说？”王阳明的一生说过太多话，传道授业自然要以语言为根本，可如今，面对这个即将永别的世界，他只淡淡地说了八个字："此心光明，亦复何言？"

公元 1528 年 11 月 29 日，明嘉靖七年，享年 57 岁的王阳明，结束了自己有着教育家、军事家、哲学家等诸多头衔的一生，永远地离开了这个世界。他用一生的时间，实现了自己做圣人的理想。听说王阳明离世的消息，南昌的百姓如同失去了亲人般痛哭流涕，在王阳明生前所到之处，人们自发地搭起了灵棚，此情此景，就连天地都为之动容。

听说王阳明去世，他的弟子王畿与钱德洪放弃了参加会试，将自己老师的灵柩一路护送到严滩。当灵柩到达山阴，弟子们早已在那里搭建好灵堂，墓地就选在绍举府兰亭镇花街洪溪鲜虾山南麓，这是王阳明生前亲自选好的一块墓地。下葬的那一天，王阳明的千余名弟子为他披麻戴孝，扶灵哭泣，更有上千百姓前来吊唁。更多弟子因为路途遥远无法赶来，他们便在家中焚香，隔着遥远的距离祭奠自己的先师。

王阳明告别了生前的一切纷乱，独自在地下享受难得的清净。可是活着的人，并不甘心于让世界如此太平，桂萼在王阳明生前就多次排挤他，即便是王阳明死后，他也不想让王阳明安宁。当初王阳明并没有按照他的指令出征越南，而是从广西返回家乡，他要在王明死后，对他进行报复。他甚至为王阳明列出了四条罪状：其一，对思恩州和田州的处理并没有得到应有的结果；其二，自作主张去八寨和断藤峡平叛，不受朝廷指挥；其三，未经朝廷允许，擅自离开两广巡抚的岗位，擅离职守；其四，自创心学，不将朱熹放在眼里，门下弟子众多，又形成帮派之势，定是图谋不轨。

同样落井下石的还有嘉靖皇帝，对于王阳明的死，他不仅没有追封谥号或是奖励封赏，而是剥夺了他的新建伯爵位，让王家从官宦人家变为平民。王阳明耗尽一生创办的心学，被嘉靖皇帝一句话定为了伪学，禁止世人对王氏学说进行传播。

人生如同一盘棋一样短暂，却并不像下一盘棋那么简单。即便在一片大好之时，落错一子，也可能导致满盘皆输。人生也是如此，处处防御，只是为了在走错之时也能挽回败局。王阳明是位圣人，却也是人世间的一枚棋子，他将自己人生的一盘棋下得如此圆满，哪怕是皇帝也改变不了他必胜的结局。王阳明的心学已经在世间传播了几十年，哪能一朝禁止？嘉靖十年，礼部尚书方献夫与四十多名官员一起，公然讲授阳明心学，这便是对皇帝的第一次挑战。有了这一次，接下来的挑战便一发而不可收。嘉靖十三年，邹守益与欧阳德，两位王阳明的得意弟子，以国子监的身份讲授阳明心学；嘉靖二十七年，大学士徐阶，在灵济宫与上千名学子公然讨论心学，这些都是王阳明胜利的标志。

直到嘉靖皇帝的儿子隆庆皇帝即位，心学终于再一次得到正名。王阳明被隆庆皇帝追封为新建侯，谥号“文成”。朝中的官员，也渐渐地都站在了王阳明一边，他生前的功业，终于得到了朝廷的肯定。

正是因为有了王阳明，历史才得到天翻地覆的改变，人们从心学中才能领悟，人格竟然可以如此独立，权威的言论，并非值得一味跟从，

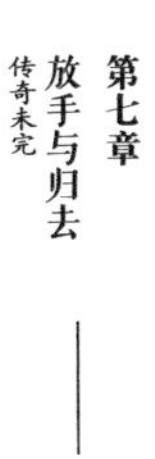

也许并不是人人都能成为圣贤，但人人都可以拥有一颗想要成为圣贤的心。

清朝末年，当侵略者的铁蹄践踏上中国的大地，统治者们终于彻底摒弃了落后的程朱理学，将王阳明的心学作为了反抗的武器。精通王阳明学说的梁启超，曾经撰写过《王阳明知行合一之教》一书，对革命的探索也有着极大的促进作用。接受了欧美教育的孙中山先生，将王阳明“知行合一”的理论归纳出了自己的“知易行难”理论，甚至毛泽东主席也曾经读过《王阳明全集》和《传习录》，并逐一加以批注。

在日本明治维新时期，曾经被看作异端的阳明学说，在日本教育者的努力下，广泛地渗透到各个阶层，无论是农民还是医生，都深深了解阳明学说中蕴含的深刻道理。日本的统治者更是用阳明学说来治理国家，将阳明学说与日本的经济、政治结合起来，日本很快便有了质的飞跃。

当传教士弗肓德里克将《王阳明年谱》和《传习录》带回美国时，瞬间在欧美风靡一时。一句简单的话，往往蕴含着大彻大悟的道理，这是世人对王阳明的肯定，这才是圣贤的真正意义。

后记

一个人，用自己的一生实现了人生的最高价值，成为中国历史上少有的大儒，这个人便是王阳明。从他的八字遗言“此心光明，亦复何言”中，不难品味出他对自己一生的满足感与成就感。

曾有人将王阳明的学说作为唯心主义的典型代表而大加批判，可更多的人却认为，他一生的功绩和学说，对后人都有着极大的借鉴意义。

心外无物，心中至理，便是至善。王阳明从念私塾起便立志做圣贤，此后也一直在为此努力，终成一代大儒。如今的人们，却更多地失掉了自己的本心，人们总是迷茫，我要做什么，我将来的计划是什么。在人云亦云的社会里，人们似乎丧失了思考的能力，往往是终其一生，最后才发现，几十年的生活并不是自己真正想要的。太多人被教条束缚，活在别人的生命里。我们的时间有限，不要被别人的声音左右自己的生命，就像王阳明倡导的知行合一，只有心灵才知道自己的真实想法。

作为一个文人，王阳明的大半生却都在从事军事活动，他更加强调身体力行，避免一切高谈阔论，只有“行”，才能检验“知”的正确性和可行性。说到不意味着做到，很多人误以为自己已经明白了圣贤的道理，却不知将真理付诸实践，才是真正的知。

希望通过这样一本书，让更多的人成为知行合一的实践者，在“知”的指导下不断地“行”，去充实自己的人生。